DIETRICH LÖFFL

Die Behandlung unzulässiger Wettbewerbsverbote

Schriften zum Wirtschaftsrecht

Band 8

Die Behandlung
unzulässiger Wettbewerbsverbote

Von

Dr. Dietrich Löffl

DUNCKER & HUMBLOT / BERLIN

Alle Rechte vorbehalten
© 1968 Duncker & Humblot, Berlin 41
Gedruckt 1968 bei Alb. Sayffaerth, Berlin 61
Printed in Germany

Inhaltsverzeichnis

Vorbemerkung	9
A. Die Wettbewerbsklausel	11
1. Definition und Vertragscharakter	11
2. Der positive Rechtszustand	12
a) Die Bestimmungen des HGB und der GewO	12
b) Die historische Entwicklung	12
3. Die grundsätzlichen Möglichkeiten der Verstöße	14
a) Die Verstöße gegen §§ 74 ff. HGB	14
b) Die Verstöße gegen § 133 f. GewO	17
c) Die analoge Anwendung der §§ 74 ff. HGB	17
aa) Die bejahende Meinung	17
bb) Die herrschende verneinende Meinung (Sonderregeln)	17
d) Die Bedeutung des § 138 BGB für Wettbewerbsverbote mit gewerblichen Arbeitern	18
4. Die Trennung der einzelnen Gruppen	19
a) Unterscheidung zwischen Angestellten und Arbeitern	19
b) Unterscheidung zwischen Handlungsgehilfen und gewerblichen Angestellten	19
c) Zusammentreffen verschiedener Tätigkeitsarten	20
B. Lösungsversuche bei der Betrachtung unzulässiger Wettbewerbsverbote	22
I. Die grundsätzliche Folge unzulässiger Wettbewerbsverbote	22
1. Ausgehend von Art. 12 GG	22
a) Die absolute Wirkung von Grundrechten, besonders von Art. 12 I GG	22
b) Verstöße gegen Art. 12 I GG	23
c) Das Verhältnis von Art. 12 GG zu § 134 BGB	24
2. Ausgehend von § 138 BGB	25
II. Lösungsmöglichkeiten über § 138 BGB	26
1. Die Meinung von v. Tuhr	26
2. Die Rechtsprechung des RG bezüglich sogenannter Höchstpreise	27
3. Die Meinung von Lehmann	27
4. Die Meinung von Lange	28
5. Die Meinung von Sieg	28

Inhaltsverzeichnis

    6. Die Meinung von Raiser 29
    7. Die Meinung von Eckstein 30
    8. Kritik 34
III. *Lösungsmöglichkeit über § 139 BGB* 34
    1. Das Verhältnis von § 139 BGB zu § 138 BGB 34
      a) Die Stellung des BGH 34
      b) Die Ansicht des RG und des Schrifttums 35
    2. Der Gedanke des § 141 II BGB 35
    3. Der Inhalt von § 139 BGB 36
      a) Teilbarkeit des Rechtsgeschäftes 36
      b) Vermutung nach dem Parteiwillen 37
    4. Kritik 37
IV. *Lösungsmöglichkeit nach § 242 BGB* 37
    1. Die Entwicklung 37
      a) Die Anfänge beim RG 38
        aa) Restriktive Auslegung 38
        bb) Preisgabe dieser Auffassung 38
      b) Der Beitrag Nipperdeys 39
      c) Die Bedeutung in der Folgezeit 39
    2. Die Brauchbarkeit des bisherigen Ergebnisses für Wettbewerbsverbote 39
    3. Meinungen zur Auslegung des § 242 BGB 40
      a) Die Ansicht von Wieacker 40
      b) Die Ansicht von Raiser 41
      c) Die Ansicht von Baur 42
      d) Kritische Betrachtungen 42
    4. Die Fürsorgepflicht 43
      a) Das beiderseitige Treueverhältnis 44
      b) Die Zweifel Molitors 45
      c) § 242 BGB als Grundlage der beiderseitigen Treuepflicht 45
      d) Das Verhältnis von Gratifikations- und Wettbewerbsabreden zu § 242 BGB 45
      e) Die Meinung von Trieschmann und Kritik dazu 46
V. *Lösungsmöglichkeit nach § 343 BGB* 46
    1. Die Meinung von Bötticher 46
    2. Kritik 47
VI. *Lösungsversuch innerhalb §§ 74 ff. HGB* 48
    1. Die Karenzentschädigung gemäß § 74 II HGB 48
    2. Die Bedingungen des § 74 a I Satz 2 HGB 48
    3. Das Interesse des Arbeitgebers gemäß § 74 a I Satz 1 HGB 49
    4. Die sich ergebenden Möglichkeiten für den Richter 49
VII. *Lösungsversuch innerhalb des § 133 f GewO* 50
    Die Bedeutung der soeben für §§ 74 ff. HGB gewonnenen Ergebnisse 50

VIII.	Die „Vermutung" des 5. Senates BAG	51
	1. Die Entwicklung aus § 139 BGB	51
	2. Vorbehalte des Schrifttums	52
	a) Die Kritik von Molitor	52
	b) Die Kritik von Isele	52
	3. Zustimmung in Schrifttum und Rechtsprechung	52
IX.	Die „verfassungskonforme Auslegung" des 1. Senates BAG	53
	1. Ebenfalls Entwicklung aus § 139 BGB	53
	2. Behandlung der „Vermutung" des § 139 BGB	54
X.	Lösungsversuch	55
	1. Die Bedeutung des arbeitsrechtlichen Schutzgedankens für den Arbeitnehmer bei Wettbewerbsabreden	55
	2. Die Bedeutung der Anwendung beider Lösungsmöglichkeiten des BAG	56
	a) Die gemeinsame ergänzende Anwendung	56
	b) Die Notwendigkeit der Teilbarkeit einer Abrede	57
	c) Die Grenzen der Anwendung	58
	3. Das Verhältnis einer nichtigen Wettbewerbsabrede zum Arbeitsvertrag	59
	4. Wertender Rückblick auf die Ergebnisse früher Lösungsgedanken	60

C. Die Bestätigung der entwickelten Lösung 62

    I. Bestätigung durch den Vorschlag Söllners (§ 315 BGB) als Rechtfertigung aus der Entwicklung einer Gegenmeinung 62

    II. Bestätigung durch Lösungsvorschläge, die sich unmittelbar oder mittelbar mit Wettbewerbsverboten befassen 65

        1. Im Schrifttum 65

        2. In der Rechtsprechung 66

        3. Auf legislatorischem Gebiet 67

D. Schlußgedanke 69

Literaturverzeichnis 70

Abkürzungsverzeichnis

AcP	=	Archiv für die civilistische Praxis
Anm.	=	Anmerkung
AöR	=	Archiv für öffentliches Recht
AP	=	Arbeitsrechtliche Praxis
ArbuR	=	Arbeit und Recht
ArchBürgR	=	Archiv für Bürgerliches Recht
ARS	=	Arbeitsrechtliche Sammlung
Art.	=	Artikel
BAG	=	Bundesarbeitsgericht und als Zitat die amtliche Sammlung der Entscheidungen des Bundesarbeitsgerichts
BB	=	Der Betriebsberater
Bem.	=	Bemerkung
Betr.	=	Der Betrieb
BGB-RGRK	=	Das Bürgerliche Gesetzbuch, Kommentar herausgegeben von Reichsgerichtsräten und Bundesrichtern (Zitierweise dort empfohlen)
BGH	=	Bundesgerichtshof und als Zitat die amtliche Sammlung der Entscheidungen des Bundesgerichtshofes in Zivilsachen
BSG	=	Bundessozialgericht
BuverfGer	=	Bundesverfassungsgericht
BuverfGE	=	Amtliche Sammlung der Entscheidungen des Bundesverfassungsgerichtes
BuverwGer	=	Bundesverwaltungsgericht
BuverwGE	=	Amtliche Sammlung der Entscheidungen des Bundesverwaltungsgerichtes
DJZ	=	Deutsche Juristenzeitung
DÖV	=	Die öffentliche Verwaltung
DR	=	Deutsches Recht
DRiZ	=	Deutsche Richterzeitung
DRWiss	=	Deutsche Rechtswissenschaft
DRZ	=	Deutsche Rechtszeitschrift
DV	=	Deutsche Verwaltung
DVBl	=	Deutsches Verwaltungsblatt
GG	=	Grundgesetz
HRR	=	Höchstrichterliche Rechtsprechung
JW	=	Juristische Wochenschrift
JZ	=	Juristenzeitung
LAG	=	Landesarbeitsgericht
L/M	=	Lindenmaier-Möhring
MDR	=	Monatsschrift für Deutsches Recht
NJW	=	Neue Juristische Wochenschrift

OVG	=	Oberverwaltungsgericht
RAG	=	Reichsarbeitsgericht und als Zitat die amtliche Sammlung der Entscheidungen des Reichsarbeitsgerichts
RArbBl	=	Reichsarbeitsblatt
RdA	=	Recht der Arbeit
Rdn	=	Randnotiz
Recht	=	Das Recht
RG	=	Reichsgericht und als Zitat die amtliche Sammlung der Entscheidungen des Reichsgerichts
RStWi	=	Recht, Staat, Wirtschaft
RuSt	=	Recht und Staat
SAE	=	Sammlung Arbeitsrechtlicher Entscheidungen
Urt.	=	Urteil
V.	=	Von oder vom
VVDStRL	=	Veröffentlichungen der Vereinigung der Deutschen Staatsrechtslehrer
Warn.Rspr.	=	Warneyer, Die Rechtsprechung des Reichsgerichts
WRV	=	Weimarer Reichsverfassung
WuW	=	Wirtschaft und Wettbewerb
ZAKDR	=	Zeitschrift der Akademie für Deutsches Recht
Zit.	=	Zitiert

Die angegebenen Abkürzungen richten sich nach Kirchner (Abkürzungsverzeichnis der Rechtssprache), lediglich die Abkürzungen BuverfGer und BuverwGer weichen davon ab.

Amtliche Sammlungen werden nach Band und Seite, Aufsätze und Beiträge in Zeitschriften nach Jahrgang und Seite zitiert.

Die hochgestellte Ziffer hinter der Nr. bei AP-Zitaten bedeutet die Seite, längere Anmerkungen sind mit einer hochgestellten Ziffer in Klammern zitiert.

Vorbemerkung

Die vorliegende Arbeit beschäftigt sich mit der Frage, wie zu erfahren ist, wenn Wettbewerbsverbote in einer Weise ausgestaltet worden sind, die nicht mehr mit unserer Rechtsordnung vereinbar ist. Maßstäbe für diese Wertung sind Art. 12 GG und § 138 BGB.

In einem ersten Abschnitt geht es darum, gesetzliche Bestimmungen zu betrachten, die sich ausdrücklich mit Wettbewerbsklauseln befassen. Es wird festzustellen sein, daß diese Bestimmungen uneinheitlich und nicht für alle Gruppen von Arbeitnehmern gedacht sind.

Ein zweiter Abschnitt setzt sich mit den Folgen eines Verstoßes gegen Art. 12 Abs. 1 GG und § 138 BGB auseinander.

Es wird von dem Ergebnis ausgegangen, daß bereits gegen Art. 12 GG verstoßen ist. Wie es dazu gekommen ist, dies darzulegen würde der Arbeit sowohl räumlich als auch inhaltlich einen anderen Schwerpunkt geben, und es ist deshalb die Darstellung der überaus komplizierten Verhältnisse um und innerhalb des Art. 12 GG unterblieben.

Was das Verhältnis von Art. 12 GG zum Zivilrecht betrifft, wird davon ausgegangen, daß diese Grundrechtsbestimmung eine absolute Wirkung in das Zivilrecht hinein entfaltet. Auch auf eine Entwicklung dieses Punktes wurde verzichtet, zumal es im wesentlichen nur zu einer Aufzählung bereits geäußerter und wohl nahezu erschöpfender Begründungen kommen würde.

Es wird versucht, gegen das Erbe des römischen Rechtes anzugehen, das in der Regel nur ein Ja oder ein Nein kannte, und durch eine dem Einzelfall angepaßte Lösung zu ersetzen.

Das moderne Wirtschaftsleben besteht aus einem Geflecht rechtlicher Verhältnisse, in denen die destruktive Nichtigkeit bei Fehlleistungen die Ausnahme, nicht aber die Regel sein soll.

Ein dritter Abschnitt endlich soll aufzeigen, inwieweit die vorgeschlagene Lösung durch bisherige Vorarbeiten und Vorschläge im Schrifttum und in der Rechtsprechung gerechtfertigt ist.

A. Die Wettbewerbsklausel

1. Definition und Vertragscharakter

Wettbewerbsverbote sind denkbar zwischen Arbeitgebern und Arbeitnehmern, aber auch zwischen zwei sozial gleichstehenden Partnern, so wenn etwa ein Kaufmann sein Geschäft an einen anderen verkauft oder zwei Ärzte ihre Praxis tauschen[1]. Im Gesetz ist nirgends definiert, was Wettbewerbsverbote sind. Wettbewerbsverbote sind in diesem weiten Sinne Vereinbarungen, „durch welche der Verpflichtete für die Zeit nach Erledigung der Rechtsverhältnisse in dessen Gefolge sie erscheinen, in seiner gewerblichen Tätigkeit beschränkt wird"[2].

Da Verträge zwischen selbständigen Kaufleuten nicht dem Arbeitsrecht angehören, sondern rein bürgerlich-rechtlicher Natur sind (im Einzelfall evtl. der Kammer für Handelssachen zufallen), eine Verletzung des Art. 12 GG und des § 138 BGB also aus ganz anderen Aspekten in Frage kommt als im Arbeitsverhältnis, ist im folgenden nur die Konkurrenzklausel zwischen Arbeitgebern und Arbeitnehmern Gegenstand der Betrachtung[3]. Der Geschäftsverkaufs- oder Pachtvertrag tritt dann an die Stelle des Arbeitsvertrages, wenn es um Probleme des § 139 BGB geht. Es muß dann nicht mehr versucht werden, der Nichtigkeitsfolge deshalb zu entgehen, weil sie im Arbeitsrecht eine Ausnahme sein soll; es gelten vielmehr die Bestimmungen des BGB (§§ 134 und 138 BGB), da es sich um rein schuldrechtliche Tatbestände handelt. § 138 BGB hat somit eine andere Richtung erhalten, da nun die „schwachen Schultern" des Arbeitnehmers fehlen[4].

Für das hier eingeschränkte Geltungsgebiet ist ein Wettbewerbsverbot somit jede Absprache, die geeignet ist, einen Arbeitnehmer nach beendetem Anstellungsverhältnis in seiner wirtschaftlichen Tätigkeit „irgendwie geartet" zu beschränken[5].

---

[1] *Ritter*, DJZ 1902/349 ff., *352* zählt weiter noch Geschäftsverpachtungs-, Gesellschafts- und Agenturverträge auf.
[2] *Ritter*, a.a.O., S. 350.
[3] Die hierbei gewonnenen Ergebnisse geben in der Regel auch auf die weit weniger komplizierten Fragen Auskunft, die aus dem Verhältnis zweier selbständiger Berufsausübender zueinander auftauchen können.
[4] *Ritter*, a.a.O., S. 352.
[5] RAG ARS 14/353.

Dabei ist der Begriff der gewerblichen Tätigkeit nicht nur im Sinne einer selbständigen Tätigkeit zu verstehen, sondern § 74 I HGB gilt auch dann, wenn es sich um Beschränkungen der Tätigkeit zu einem anderen Arbeitgeber handelt[6].

In aller Regel besteht ein Wettbewerbsverbot aus dem Vertragsgegenstand, also der Art und Weise der Tätigkeit, in Beziehung gesetzt zu einem räumlichen und zeitlichen Geltungsbereich.

Die Wettbewerbsabrede ist rechtlich gesehen ein Vertrag, die Vorschriften über fehlerhafte Willenserklärungen kommen zur Anwendung, die §§ 119, 123, 154, 155 BGB[7].

2. Der positive Rechtszustand

a) Die Bestimmungen des HGB und der GewO

Für den Handlungsgehilfen regeln die §§ 74 ff. HGB verhältnismäßig eingehend des Wettbewerbsverbot. Für den gewerblichen oder technischen Angestellten kommt § 133 f GewO in Betracht. Für den gewerblichen Arbeiter fehlen Bestimmungen gänzlich. Die Rechtsprechung leidet sehr darunter, daß Vorschriften für alle Arbeitnehmer fehlen.

b) Die historische Entwicklung

Die lückenhafte, unbefriedigende gesetzliche Regelung wird durch die geschichtliche Entwicklung erklärt:

Dem römischen Recht waren Konkurrenzklauseln fremd. Die Hilfskräfte des Gewerbetreibenden waren seine Sklaven oder seine Haussöhne. Solange er sie nicht freiließ (die Sklaven durch manumissio, die Haussöhne durch emancipatio), konnten sie ihm keinerlei Konkurrenz machen. Waren sie aber einmal frei, so war eine Einschränkung ihrer Tätigkeit im Rahmen der bereits geltenden Handels- und Gewerbefreiheit nicht mehr möglich[8].

Im Gegensatz zum römischen Recht kannte das deutsche Recht des Mittelalters keine Gewerbefreiheit, da Zünfte und Innungen das Ge-

---

[6] AP Nr. 102 zu § 74 HGB; RAG ARS 14/353, 355; RAG ARS 4/262, 264, 265.

[7] *Grüll*, Konkurrenzklausel, S. 13; *Baum*, Wettbewerbsverbot, S. 54.

[8] cf. 1.18 Dig. XXX. VII, 14 de jure patronatus: Quaero, an libertus prohiberi potest a patrono in eadem colonia in qua ipse negotiatur idem genus negotii exercere. Scaevola respondit non posse prohiberi.
1.2 Dig. XXX. VII 14: Liberti homines negotiatione licita prohiberi a patronis non debent. (Vgl. *Baum*, Wettbewerbsverbot, S. 9; *Beyer*, Konkurrenzklausel, S. 8.)

A. Die Wettbewerbsklausel

werbeleben bestimmten. Erst durch das Edikt von 2. 11. 1810[9] wurde die Macht der Innungen gebrochen und Gewerbefreiheit gewährt. Von nun an mußten sich die Unternehmer durch Verträge absichern, das Jahr 1810 kann folglich als Geburtsjahr der Wettbewerbsklausel angesehen werden[10].

Das alte HGB und die GewO besaßen überhaupt keine Regelungen über ein vertragliches Wettbewerbsverbot. Erstmals fanden sich Vorschriften im HGB vom 10. 5. 1897 (in Kraft getreten am 1. 1. 1900) in den §§ 74 ff. HGB. Auf Grund des Art. 9 II EGHGB sind diese Bestimmungen teilweise, und zwar nur für Angestellte — nicht für die Arbeiter —, als § 133 f in die GewO aufgenommen worden.

Die in § 74 II HGB (alte Fassung) festgelegte Beschränkung des Wettbewerbsverbotes auf 3 Jahre wurde nicht in § 133 f GewO aufgenommen, weil man eine zeitliche Begrenzung für unangebracht hielt, da es sich bei den gewerblichen Angestellten in der Hauptsache um Verrat von Fabrik- und Industriegeheimnissen handeln konnte, im Gegensatz zum Handelsgewerbe, wo das unlautere Aufkommen eines Konkurrenten verhindert werden sollte.

Durch die Novelle zum HGB vom 10. 6. 1914 (in Kraft seit 1. 1. 1915) wurden die Vorschriften zugunsten der kaufmännischen Angestellten verbessert. Eine gleichzeitige Verbesserung der Bestimmungen für technische Angestellte lehnte man ab, mit der Begründung, die Verhältnisse in Handel und Industrie seien zu verschiedenartig. Der Gesetzentwurf betreffs Abänderung der GewO von 1907/08 sah in § 133 f GewO einen neuen Absatz II vor — zeitliche Begrenzung der Konkurrenzklausel — und einen neuen § 133 g GewO; der Entwurf blieb jedoch in diesen Punkten unberücksichtigt. Entwürfe von 1932 und 1938 wollten die Unterschiede zwischen dem HGB und der GewO ausgleichen; die Höchstdauer des Wettbewerbsverbotes für technische Angestellte sollte auf 5 Jahre festgesetzt werden. Auch diese Vorschläge wurden nicht realisiert.

Im HGB regeln die §§ 74 ff. das Wettbewerbsverbot; ihr einziges Gegenstück in der GewO ist § 133 f. § 133 f GewO unterscheidet sich erheblich von den §§ 74 ff. HGB: Es fällt die Erfüllung bestimmter Formvorschriften weg — § 133 f GewO ist formlos gültig.

Entbehrlich ist die Vereinbarung einer Karenzentschädigung, ebenso die Begrenzung der Dauer. Auch auf die Höhe kommt es nicht an.

---

[9] Gesetzessammlung der preußischen Staaten von 1810, S. 79, wo es in der Präambel heißt, daß mit der Einführung der allgemeinen Gewerbesteuer „die Befreiung des Gewerbes von ihren drückenden Fesseln" verbunden wird.
[10] Im einzelnen und ausführlich zur geschichtlichen Entwicklung vgl. *Baum*, a.a.O., S. 8 ff. und *Beyer*, a.a.O., S. 7 ff.

3. Die grundsätzlichen Möglichkeiten der Verstöße

a) Die Verstöße gegen §§ 74 ff. HGB

Wird gegen die Vorschriften der §§ 74 ff. HGB verstoßen, so ergeben sich zwei Möglichkeiten:

Entweder die Abrede ist nichtig oder sie ist unverbindlich.

Fälle der Nichtigkeit sind:

1. Verletzung von Formvorschriften (§ 126 BGB)
2. Zu geringe Entlohnung des Angestellten (§ 74 a II Satz 1 HGB)
3. Verstoß gegen die guten Sitten (§ 74 a III HGB)

Keine der Parteien kann auch nur irgendwelche Rechte aus der Abrede herleiten. Bei Verletzung von Formvorschriften ergibt sich kaum eine Problematik. Betrachtenswert erscheint dagegen § 74 a II Satz 1 HGB, wonach der Gehilfe ein Gehalt von mindestens 1500,— Mark beziehen muß. Beachtet man jetzt noch die Bestimmung des § 75 b HGB, wonach die Zahlung einer Karenzentschädigung dann hinfällig ist, wenn der Gehilfe mehr als 8000,— Mark jährlich verdient, so lassen sich drei Gruppen bilden:

1. Gruppe: Gehilfen mit einem Gehalt bis 1500,— Mark; mit ihnen ist keine Abrede möglich, § 74 a II Satz 1 HGB
2. Gruppe: Gehilfen mit einem Gehalt von 1501,— Mark bis 8000,— Mark; Wettbewerbsabreden sind möglich, § 74 a HGB
3. Gruppe: Gehilfen mit einem Gehalt über 8000,— Mark; Wettbewerbsabreden sind möglich, sogar ohne Karenzentschädigung.

Die Zahlen über das Gehalt hatten für die Zeit Geltung, als sie eingefügt worden waren. In der Folgezeit wurde auf Grund der Verordnung zur Neuregelung der im HGB und in der GewO vorgesehenen Gehaltsgrenzen vom 23. 10. 1923 die Höchstgrenze durch Multiplikation mit der Reichsindexziffer für Lebenshaltungskosten ermittelt.

Heute wird der Preisindex für die Lebenshaltung mittlerer 4-Personen-Arbeitnehmer-Haushalte anstellte der Reichsindexziffer gesetzt. Die Bestimmung der Gehaltsgrenze des § 133 ab GewO erfolgt nun in folgender Weise:

Grundzahl $\times$ Preisindex : 10000 = Gehaltsgrenze. Für Januar 1966 ergeben sich die folgenden Werte: $5000 \times 277,3 : 10000 = 13865$,— DM[11].

Neben den Fällen, bei denen Mängel über Wettbewerbsabreden diese nichtig machen, gibt es auch Mängel, wonach die Wettbewerbsvereinbarung nur unverbindlich ist. Hierzu gehören:

---

[11] *Fuhr-Stahlhacke*, III, § 133 f GewO Anm. II.

1. Das Fehlen einer gültigen Karenzentschädigung
§ 74 II HGB
2. Das Fehlen eines berechtigten Interesses
§ 74 a I HGB
3. Die unbillige Erschwerung des Fortkommens
§ 74 a I HGB

Zu 1: Wurde eine unter dem gesetzlichen Mindestmaß liegende Entschädigung vereinbart, so war nach früher herrschender Lehre ebenfalls die ganze Vereinbarung nichtig[12]. Das RAG jedoch hat sich auf den Standpunkt gestellt, daß in diesem Falle der Arbeitgeber nicht die Einhaltung des Wettbewerbsverbotes verlangen könne (wegen § 75 d HGB)[13], daß aber umgekehrt der Arbeitnehmer die geringere Entschädigung fordern dürfe, wenn er den Wettbewerb tatsächlich unterläßt[14]. Der Grund liegt darin, daß die Bestimmungen der §§ 74 ff. HGB Schutzvorschriften für den Angestellten sind, die sich sonst zu einem Nachteil für den Gehilfen auswirken müßten[15]. Ist nun zur Zeit der Vereinbarung § 74 II HGB Genüge getan, also mindestens die Hälfte des Gehaltes als Karenzentschädigung vereinbart, das Gehalt aber bis zur Beendigung des Arbeitsverhältnisses gestiegen, so ist die Entschädigung entsprechend zu erhöhen, wenn anzunehmen ist, daß die Parteien grundsätzlich eine dem Gesetz entsprechende Entschädigung vereinbaren wollten, wobei allerdings im Zweifel ein solcher Wille zu unterstellen ist. Dies gilt aber nicht bei einem Sinken des Gehaltes, da § 74 II HGB nur eine Mindestgrenze, aber nicht auch eine Höchstgrenze abgibt[16].

Ist eine Wettbewerbsabrede mit einem Gehilfen vereinbart worden, mit dem sie gemäß § 74 a II HGB nichtig ist, so wird sie nicht automatisch gültig, weil das Gehalt inzwischen gestiegen ist. Ebenso wird die Abrede nicht gültig, wenn sie wegen Verstoßes gegen § 74 II HGB unverbindlich ist, weil das Gehalt nun die Grenze des § 75 b Satz 2 HGB überschritten hat. Beträgt zur Zeit der Abmachung das Gehalt weniger als 8 000,— Mark, dann bleibt die Vereinbarung wirksam, auch wenn inzwischen die 8 000,— Mark-Grenze überschritten worden ist[17].

Ist das Gehalt seit der Abmachung über die Grenze des § 75 b II Satz 2 gestiegen, die Vereinbarung aber nicht geändert worden, so ist auch dann

---

[12] *Düringer-Hachenburg* I, § 74 Anm. 16; *Staub* I, § 74 Anm. 15.
[13] RAG 14/143, 148.
[14] RAG 25/69, 73; RAG DR 1941/2014; zustimmend auch AP Nr. 10 zu § 74 HGB.
[15] RAG 25/69, 73; *Würdinger*, in RGRK I § 74 Anm. 7; *Hueck-Nipperdey* I, S. 253 Anm. 21; AP Nr. 10²ᴿ zu § 74 HGB.
[16] *Hueck-Nipperdey* I, S. 253 Anm. 22; *Schlegelberger* I, § 74 Anm. 12.
[17] *Schlegelberger* I, § 75 b Anm. 3; AP Nr. 17 zu § 74 HGB.

eine Entschädigung zu zahlen; denn die Abrede, nach der eine Karenzentschädigung zu zahlen ist, tritt nicht allein deshalb außer Kraft, weil das Wettbewerbsverbot nunmehr auch ohne eine Entschädigung hätte vereinbart werden können[18]. Die Begründung für diese Entscheidung ist folgende: Eine Gehaltserhöhung soll eine Anerkennung ausdrücken. Aus Freude darüber könnte vom Arbeitnehmer zu leicht die Warnfunktion der §§ 74 I und II, 74 a II HGB übersehen werden. Auch ist daran zu denken, daß ein schlauer Arbeitgeber auf diese Weise eine Wettbewerbsabrede „billiger" wirksam machen könnte[19].

Ist dagegen überhaupt keine Entschädigung vereinbart, so steht die Unverbindlichkeit der Nichtigkeit gleich[20].

Zu 2: Für das berechtigte geschäftliche Interesse des Prinzipals ist der Zeitpunkt des Geltendmachens, nicht aber der der Vereinbarung maßgebend; denn es ist nicht einzusehen, warum das Verbot aufrecht erhalten bleiben soll, wenn der Arbeitgeber kein Interesse mehr daran hat[21].

Zu 3: Unter Berücksichtigung der Entschädigung darf keine unbillige Erschwerung nach Ort, Zeit oder Gegenstand vorliegen. Grundsätzlich bilden Ort, Zeit und Gegenstand eine Einheit, bei der eine zu starke Beschränkung eines der drei Begriffe durch eine großzügige Behandlung der beiden übrigen ausgeglichen werden kann. Kaum mehr auszugleichen ist es aber, wenn ein Begriff überhaupt nicht eingeschränkt ist; für die Zeit legt § 74 a I Satz 3 HGB einen Zeitraum von zwei Jahren fest.

Das Gesetz weist durch den Wortlaut: „Berücksichtigung" der Entschädigung schon darauf hin, daß eine Beschränkung nach Ort, Zeit und Gegenstand eine Beziehung zur Entschädigung haben muß[22]. Durch hohe Entschädigungen kann ein strengeres Verbot tragbar sein. Weiter sind für die Beurteilung einer unbilligen Erschwerung die persönlichen Verhältnisse des Arbeitnehmers zu berücksichtigen: Alter, Ausbildung, Zahl der Kinder. § 74 II HGB besagt nicht, daß eine Wettbewerbsabrede bezüglich der Zeit nicht zu beanstanden wäre, wenn nur die zwei Jahre nicht überschritten würden. In Verbindung mit örtlicher und gegenständlicher Begrenzung kann eine unbillige Erschwerung des Fortkommens auch unter zwei Jahren gesehen werden[23].

---

[18] *Schlegelberger* I, § 74 Anm. 12.
[19] AP Nr. 17³ zu § 74 HGB.
[20] *Baumbach-Duden*, Bem. II F zu 74—74 c; Anm. *Hefermehl* zu AP Nr. 17 zu § 74 HGB; der Weg über § 141 I BGB (Bestätigung) ist möglich.
[21] *Hueck-Nipperdey* I, S. 254.
[22] *Nikisch* I, S. 461.
[23] *Grüll*, Konkurrenzklausel, S. 36, 37.

b) Die Verstöße gegen § 133 f. GewO

Bezüglich der unbilligen Erschwernis des Fortkommens gilt im wesentlichen das gleiche wie bei den Handlungsgehilfen. Wenn die Karenzentschädigung auch nicht gesetzlich vorgeschrieben ist, so hat das Fehlen für die Frage des Erschwernisses des Fortkommens und auch für die Frage der Sittenwidrigkeit in der Regel Bedeutung[24], wenn auch Fälle denkbar sind, in denen Wettbewerbsverbote auch ohne Karenzentschädigung Bestand haben[25].

Ist eine zeitliche Begrenzung auch nicht vorgeschrieben, so wird in der Rechtsprechung wegen der technischen Schnellebigkeit selten ein Zeitraum von mehr als 3 Jahren anerkannt. Unverbindlich ist auch nach § 133 f GewO ein Wettbewerbsverbot, wenn ein berechtigtes geschäftliches Interesse den Umfang des Verbotes nach Ort, Zeit und Gegenstand nicht umfaßt[26].

c) Die analoge Anwendung der §§ 74 ff. HGB

Eine gesetzliche Regelung für diese Gruppe von Arbeitnehmern gibt es nicht. Man könnte nun meinen, die §§ 74 ff. HGB würden allgemeine Regeln aufstellen, die für andere Berufsgruppen analog gelten könnten. So könnte etwa allein schon darin eine unzulässige Kündigungserschwerung liegen, wenn keine Karenzentschädigung ausgehandelt worden ist.

aa) Die bejahende Meinung

So fordert auch eine Meinung die analoge Anwendung der §§ 74 ff. HGB zumindest auf gewerbliche Arbeitsverhältnisse[27]. Die Begründung für die Anwendung des § 74 II HGB (Karenzklausel) stützt sich darauf, daß den Handlungsgehilfen ein Wettbewerbsverbot weit weniger hart treffe als den gewerblichen Angestellten, da dieser in der Regel auf seine fachliche Ausbildung beschränkt sei, während jener auf Grund der allgemeineren Kenntnisse eine Konkurrenzabrede leichter erfüllen könne. Als Folge ergebe sich, daß die Konkurrenzklausel erst recht bei den „Technikern" ihre Bedeutung erlange[28].

bb) Die herrschende verneinende Meinung

Dies wäre richtig, wenn die Voraussetzungen, auf denen diese Meinung aufbaut, richtig wären. Es stimmt, daß der Handlungsgehilfe auf Grund

---
[24] AP Nr. 3 zu § 133 f. GewO bereits Leitsatz 3; AP Nr. 15[2] zu § 133 f. GewO.
[25] BAG AP Nr. 20[2] zu Art. 12 GG und bereits Leitsatz 2; *Fuhr-Stahlhacke* III, § 133 f GewO Anm. III 5.
[26] *Landmann-Rohmer* II, § 133 f. GewO Anm. 2; *Fuhr-Stahlhacke* III, § 133 f. GewO Anm. III.
[27] *Günther*, NJW 1960/946 ff.
[28] *Günther*, a.a.O., S. 947, 948.

seiner umfassenderen Ausbildung vom Wettbewerbsverbot nicht so stark betroffen wird, wie der nur für ein bestimmtes Fach ausgebildete gewerbliche Arbeitnehmer. Sollte der Handlungsgehilfe trotzdem kein weiteres Fortkommen finden, so sollte er eine Entschädigung erhalten, aber, und dies hat die Gegenmeinung nicht beachtet, aus dem Gesichtspunkt der Fürsorge heraus, der als allgemeiner Rechtsgedanke aus § 618 BGB entwickelt, für das gesamte Arbeitsrecht gilt.

Der technische Angestellte dagegen wird durch ein Wettbewerbsverbot in aller Regel aus seinem Fachgebiet herausgerissen und läuft Gefahr, dadurch den Anschluß und Zusammenhang mit seinem Beruf zu verlieren. Wenn er dieses Risiko eingeht, so kann man eher von einer Abgeltung als von einer fürsorgerischen Maßnahme sprechen. Ob und wie hoch eine solche Abgeltung des Verzichts auf die berufliche Bewegungsfreiheit ausgehandelt wird, steht ganz im Belieben des technischen Angestellten[29].

Richtigerweise sind die §§ 74 ff. HGB Sonderbestimmungen, die keine analoge Anwendung dulden[30].

Nicht zuletzt spricht die oben dargelegte historische Entwicklung der Gesetzesbestimmungen dafür, daß §§ 74 ff. HGB Sonderbestimmungen sind. Der Gesetzgeber hat durch Abänderungsgesetz vom 10. 6. 1914 die §§ 74 ff. HGB in der heute noch bestehenden Fassung neu geregelt, es aber bewußt unterlassen, die in den §§ 74 HGB verankerten Gedanken auch in der GewO zu kodifizieren[31].

Einer analogen Anwendung von § 74 a I Satz 3 HGB (wo die Höchstdauer geregelt ist) stehen die Entwürfe zur Gewerbeordnung von 1923 und 1938 entgegen, die in der beabsichtigten Angleichung an die §§ 74 ff. HGB sogar eine fünfjährige Höchstdauer vorsahen. Vor diesem Argument (bezüglich der Höchstdauer) kapituliert selbst die Gegenmeinung[32].

d) Die Bedeutung des § 138 BGB für Wettbewerbsverbote mit gewerblichen Arbeitern

Grundsätzlich können mit gewerblichen Arbeitern Wettbewerbsverbote abgeschlossen werden[33].

---

[29] RAG ARS 39/391, 396, 397.
[30] So schon das RAG ARS 39/391, 394; AP Nr. 4 zu § 133 f GewO bereits Leitsatz 1; AP Nr. 20² zu Art. 12 GG („die einzelnen Arbeitnehmergruppen sind zu vielschichtig und zu untypisch"); AP Nr. 8¹ᴿ zu § 74 HGB (BGH); Anm. von *Götz Hueck* zu AP Nr. 7 zu § 74 HGB; *Hueck-Nipperdey* I, S. 258 Anm. 49; *Grüll*, Konkurrenzklausel, S. 19; *Nikisch* I, S. 463 und *Fuhr-Stahlhacke* III, § 133 f GewO Anm. I mit weiteren Nachweisen.
[31] *Grüll*, Anm. zu AP Nr. 1 zu § 133 f. GewO; RAG ARS 39/391, 394.
[32] *Günther*, a.a.O., S. 946, 948.
[33] AP Nr. 1 zu § 133 f GewO; AP Nr. 1²/ᴿ zu § 133 g GewO; *Rohlfing Kiskalt-Wolff*, § 133 f Anm. 8; *Landmann-Rohmer* II, § 133 f Anm. 1.

A. Die Wettbewerbsklausel

In Ermangelung gesetzlicher Vorschriften gelten für diese Gruppe von Arbeitnehmern die allgemeinen Vorschriften, vor allem § 138 BGB[34].

Für die Beurteilung, ob § 138 BGB vorliegt oder nicht, sind allerdings die §§ 74 ff. HGB und 133 f GewO heranzuziehen[35]. Sonach ist das Fehlen einer Karenzentschädigung nur von Bedeutung bei der Frage, ob durch örtliche, zeitliche oder gegenständliche Begrenzung das Fortkommen unbillig erschwert ist, oder ob die Vereinbarung gegen die guten Sitten verstößt[36].

§ 138 BGB kann erfüllt sein, wenn ein echtes schutzwürdiges, also ein berechtigtes geschäftliches Interesse des Arbeitgebers fehlt[37, 38].

4. Die Trennung der einzelnen Gruppen

a) Unterscheidung zwischen Angestellten und Arbeitern

Die Unterscheidung zwischen Angestellten und Arbeitern ist unerläßlich, wenn es darum geht, ob für einen Arbeitnehmer die Vorschriften des HGB oder der GewO einerseits oder allgemeine Vorschriften andererseits gelten sollen. Nikisch[39] will den Unterschied darauf abstellen, ob es sich um ausführende oder leitende Arbeit handelt. Diese Auffassung benötigt für ihre Unterscheidung aber ein zu großes Eindringen in die Tätigkeit des Arbeitnehmers. Besser wird es sein, die Unterscheidung auf die Begriffe Handarbeit — Kopfarbeit abzustellen[40]. Diese Unterscheidung ermöglicht es, eine Entscheidung zu treffen, auch wenn man die Tätigkeit des Arbeitnehmers nicht genauestens kennt.

b) Unterscheidung zwischen Handlungsgehilfen und gewerblichen Angestellten

Nach dieser groben Unterscheidung kommt es jetzt darauf an, ob der Arbeitnehmer Handlungsgehilfe im Sinne von § 59 HGB ist, oder gewerblicher Angestellter im Sinne von § 133 a GewO. Handlungsgehilfe ist, wer drei Voraussetzungen erfüllt:

---

[34] *Rohlfing-Kiskalt-Wolff*, a.a.O.; *Landmann-Rohmer* II, a.a.O.; *Fuhr-Stahlhacke* III, § 133 f GewO Anm. V.
[35] *Hueck-Nipperdey* I, S. 259; *Nikisch* I, S. 469; *Kiskalt-Wolff*, a.a.O.; *Fuhr-Stahlhacke*, a.a.O.
[36] AP Nr. 7² zu Art. 12 GG; AP Nr. 3³ zu § 133 f GewO; AP Nr. 4² zu § 133 f GewO; AP Nr. 20² zu Art. 12 GG.
[37] *Grüll*, Konkurrenzklausel, S. 52; LAG Hamm, BB 1952/346.
[38] Vgl. zum ganzen im einzelnen S. 25 ff.
[39] *Nikisch* I, S. 127.
[40] *Hueck-Nipperdey* I, S. 64 Anm. 10 und die dortigen Nachweise.

1. Der Arbeitnehmer muß in einem Handelsgewerbe beschäftigt sein; darüber geben die §§ 1 ff. HGB Auskunft.
2. Er muß kaufmännische Dienste leisten. Die Rechtsprechung fordert kaufmännische Vorbildung, mindestens aber kaufmännische Kenntnisse und Fähigkeiten. Eine Lehrzeit ist nicht die einzige Ausbildungsmöglichkeit[41]. „Kaufmännisch" ist, was der Verkehr im allgemeinen darunter versteht[42].
3. Er muß gegen Entgelt angestellt sein; in aller Regel erfüllt ein Dienstvertrag nach §§ 611 ff. BGB diese Forderung.

Wer gewerblicher Angestellter ist, bestimmt § 133 a GewO. § 133 a GewO verlangt, daß der Arbeitnehmer nicht nur vorübergehend in einem Gewerbeunternehmen angestellt ist, wobei ein Gewerbebetrieb im Sinne der GewO eine „fortgesetzte erlaubte, private und auf dauernde Erzielung eines Gewinnes gerichtete Tätigkeit ist"[43].

c) Zusammentreffen verschiedener Tätigkeitsarten

Wie ist aber zu entscheiden, wenn ein und dieselbe Person sowohl Kaufmannsgehilfe nach § 59 HGB und gewerblicher Angestellter nach § 133 a GewO ist, wenn also jemand Meister in der Werkstatt ist und zugleich im Laden beim Verkauf hilft? Er ist dann sowohl Handlungsgehilfe als auch technischer Angestellter. Man könnte nun der Meinung sein, daß die Tätigkeit als Handlungsgehilfe, landläufig als sozial höherwertig angesehen, überwiegen würde. Allein, eine solche Vorschrift gibt es nicht; es kommt vielmehr auf die Anschauung des Lebens an, welche die Haupttätigkeit ist, d. h. welche Tätigkeit überwiegt[44].

Diese Entscheidungen haben zur Grundlage, daß die beiden Tätigkeiten in *einem* Betrieb verrichtet werden. Sollte es sich um zwei Geschäfte (Betriebe) handeln, so gilt das gleiche, daß es eben auf die bedeutsamere und überwiegende Tätigkeit ankommt[45].

Eine Gegenmeinung von Düringer-Hachenburg[46] will es nicht auf ein Überwiegen abstellen, sondern die Vorschriften des HGB *und* der GewO anwenden. Nur soweit sich die Vorschriften ausschließen, soll es auch darauf ankommen, welche Tätigkeit überwiegt. Da aber mit der ganz

---

[41] RAG ARS 6/591 und ARS 3/188.
[42] *Würdinger* in RGRK I, § 59 Anm. 5.
[43] Allgemeine, herrschende Definition, so auch *Hueck-Nipperdey* I, S. 61.
[44] RG 63/200, 202, 203; RAG HRR 1932 Nr. 47; *Nikisch* I, S. 123; *Würdinger* in RGRK I, § 59 Anm. 6; *Fuhr-Stahlhacke* III, § 133 f GewO Anm. I.
[45] RG JW 1910/839 Nr. 78.
[46] *Düringer-Hachenburg* I, § 59 Anm. 10.

herrschenden Meinung, die §§ 74 ff. HGB und § 133 f GewO sich ausschließen (Sonderregelcharakter der der §§ 74 ff. HGB), hat die Gegenmeinung von Düringer-Hachenburg[47] keine Bedeutung mehr. Um auf unser Beispiel zurückzukommen, wird man sagen können, daß die gewerbliche Tätigkeit (als Meister) überwiegen wird.

---

[47] Kommentar aus dem Jahre 1930.

B. Lösungsversuche bei der Betrachtung unzulässiger Wettbewerbsverbote

„Unsere Rechtsordnung muß sich immer mehr frei machen von der aus dem römischen Recht überkommenen Neigung zu prinzipiellen Lösungen, die nur ein Entweder — Oder kennen, sie muß immer mehr einer individualisierenden Behandlung der Interessenkonflikte zustreben. In dem Maße, in dem ihr das gelingt, nähert sie sich dem Gerechtigkeitsideal, das nach wie vor darin besteht: Gleiches gleich, Ungleiches ungleich zu behandeln, jedem das Seine zu geben[1]."

I. Die grundsätzliche Folge unzulässiger Wettbewerbsverbote

1. Ausgehend von Art. 12 GG

a) Die absolute Wirkung von Grundrechten besonders von Art. 12 I GG

Im folgenden wird davon ausgegangen, daß gewisse Grundrechte im Zivilrecht eine absolute Wirkung[2] entfalten können. Dieser von Nipperdey begründeten Lehre[3] ist die Rechtsprechung des BAG gefolgt[4]. Exponierter Vertreter der Gegenmeinung ist — nachdem die Auffassung von Schmidt-Rimpler[5], die kompromißlos jede Einwirkung der Grundrechte auf das Privatrecht ablehnt, kaum noch Bedeutung hat — Dürig, der die Grundrechte nur über die Generalklauseln des Zivilrechtes als „Einbruchstellen" in das Zivilrecht einwirken lassen möchte[6]. Im übrigen

---

[1] *Lehmann, Wucher*, S. 63.

[2] Dies ist wohl der treffendere Ausdruck: *Nipperdey*, Grundrechte und Privatrecht, S. 15; der Ausdruck „Drittwirkung" stammt von Ipsen, so angegeben bei *Maunz-Dürig*, Art. 1 III Rdn. 127.

[3] Sie ist hauptsächlich an folgenden Stellen entwickelt und dargelegt worden: *Nipperdey:* „Gleicher Lohn der Frau bei gleicher Leistung", RdA 1950/121 ff.; „Die Würde des Menschen", Grundrechte II, S. 17 ff., 19, 20; *Enneccerus-Nipperdey* I, S. 91 ff.; „Die freie Entfaltung der Persönlichkeit", Grundrechte IV 2, S. 741, 242 ff.; „Boykott und freie Meinungsäußerung", DVBl 1958, 445 ff., 446 ff.; „Grundrechte und Privatrecht", S. 13 ff., 16, 17.

[4] Urteile des 1. Senates: AP Nr. 2 zu § 13 KschGes; AP Nr. 1 zu Art. 6 I GG Ehe und Familie; AP Nr. 25 zu Art. 12 GG; zurückhaltend lediglich der 2. Senat: AP Nr. 3 zu § 133 f GewO und der 5. Senat: AP Nr. 20 zu Art. 12 GG.

[5] AöR Bd. 76/165 ff.

[6] *Dürig:* Maunz-Dürig, Art. 1 III Rdn. 127 ff., 129, 130, 131, 132; Festschrift für Nawiasky, S. 157 ff., 164, 176; „Freizügigkeit", Grundrechte II, S. 507 ff., 525; „Zum ‚Lüth-Urteil' des BuverfGer vom 15. 1. 1958", DÖV 1958/194, 196.

sei auf die ausführliche Abhandlung bei Leisner: „Grundrechte und Privatrecht", S. 285 ff. und die klärende Doktorarbeit von Koll[7] hingewiesen.

Die grundsätzliche Anerkennung einer absoluten Wirkung von Grundrechten besagt nicht, daß dies für alle Grundrechte zutrifft[8].

Art. 12 I GG[9] jedenfalls entfaltet eine absolute Wirkung ins Zivilrecht hinein[10].

b) Verstöße gegen Art. 12 I GG

Im Verhältnis zwischen Arbeitgeber und Arbeitnehmer hat im Vordergrund das Bestreben zu stehen, dem Art. 12 I Satz 1 GG die größtmögliche Geltung zu verschaffen. Es kann daher nur ein objektiv betrachtetes, begründetes und zu billigendes Interesse des Arbeitgebers berücksichtigt werden. Diese Erfordernisse auf der Seite des Arbeitgebers müssen die geschützte Freiheit des Arbeitnehmers überwiegen, d. h. eine Einschränkung seiner Freiheit muß diesem zumutbar sein, wobei der Grundsatz von Treu und Glauben zu beachten ist[11]. Es ergibt sich somit, daß nicht schlechthin jedes Wettbewerbsverbot gegen Art. 12 I Satz 1 GG verstoßen muß[12], sondern nur solche, bei denen nach Betrachtung beider Seiten keine Berechtigung auf der Arbeitgeberseite verbleibt.

Es soll nun versucht werden, einige praktische Folgen als Niederschlag des soeben dargestellten Ergebnisses aufzuzeigen.

Zunächst bedarf es der nachdrücklichen Feststellung, daß sich aus Art. 12 I GG keine generellen fixen Zahlen und Daten entnehmen lassen.

Da ein Wettbewerbsverbot in der Regel aus mehreren Elementen besteht — zeitliche, örtliche und gegenständliche Beschränkungen, Karenzentschädigung und Vertragsstrafe —, kann ein Ergebnis nur aus einer Gesamtbetrachtung des konkreten Falles gewonnen werden.

---

[7] Die Grundlagen der Wandlung des materiellen Verfassungsbegriffs als Vorstudien zur Problematik der Drittwirkung der Grundrechte.
[8] *Nipperdey*, Grundrechte und Privatrecht, S. 20.
[9] BAG 1. Senat AP Nr. 4[1R] zu § 133 f GewO und AP Nr. 25[3] zu Art. 12 GG.
[10] Im neuesten Schrifttum entschieden dagegen: *Brecher*, „Festschrift für Nipperdey", Bd. II, S. 29 ff., 53.
[11] So zum ganzen AP Nr. 25 zu Art. 12 GG; andere Auffassung *Bötticher*, SAE 1963 Anm. S. 7 ff., 9, 10, der als Gegner einer Drittwirkung ein gegenseitiges Abwägen der Interessen nicht innerhalb des Art. 12 I GG, sondern mit den „viel ausgeschliffeneren Mitteln der Privatrechtsordnung" vornehmen will.
[12] AP Nr. 25 zu Art. 12 GG bereits Leitsatz 4; AP Nr. 4[1R] zu § 133 f GewO; AP Nr. 7[2] zu Art. 12 GG; *Fuhr-Stahlhacke* III, § 133 f GewO Anm. II; *Enneccerus-Nipperdey* I, S. 108.

Überschreitungen, die in der Regel nicht mehr ausgeglichen werden können, sind:

1. Ein generelles Wettbewerbsverbot für einen bestimmten Ort ohne zeitliche Begrenzung[13],
2. eine Abrede, einen bestimmten Beruf ganz zu unterlassen[14],
3. die Auferlegung einer Karenz ohne Entschädigung, sofern nicht besondere Umstände des Falles dies rechtfertigen, oder entsprechende Leistungen des Arbeitgebers dies ausgleichen[15].

c) Das Verhältnis von Art. 12 GG zu § 134 BGB

Zunächst ist die Frage zu erörtern, welche Folge sich grundsätzlich ergeben kann, wenn gegen Grundrechte verstoßen wird. Da sich aus dem Grundgesetz kein Hinweis ergibt, bietet sich aus dem Zivilrecht § 134 BGB an. In § 134 BGB ist von einem „gesetzlichen Verbot" die Rede. Zweifel sind insofern möglich, ob Bestimmungen von Verfassungen, hier des Grundgesetzes, generell Verbotsgesetze im Sinne des § 134 BGB sein können. Gemäß § 2 EGBGB ist als Gesetz im Sinne des BGB jede Rechtsnorm anzusehen. Da es sich jedoch bei einer Verfassung um eine Rechtsnorm handelt, muß auch sie umfaßt sein, wenn das BGB den Ausdruck „Gesetz" gebraucht[16].

Von dieser Grundlage ausgehend, hat bereits das RAG[17] in Art. 118 WRV ein Verbotsgesetz im Sinne von § 134 BGB gesehen. Mit Recht meint Laufke[18], daß § 134 BGB auch für Art. 12 GG gilt. Es kann nicht die Absicht des Gesetzgebers gewesen sein, es dem gewöhnlichen Gesetzgeber zu überlassen, eine dem § 134 BGB entsprechende Vorschrift für das Grundgesetz zu schaffen, wenn er es selbst sofort ohne Umstände hätte tun können.

Auch das BAG greift, wie schon das RAG, bei Verstößen gegen das Grundgesetz auf § 134 BGB zurück[19, 20].

---

[13] *Enneccerus-Nipperdey* I, S. 108; wohl auch *Spitzbarth*, NJW 1954/453 ff., 455, der seine Beispiele an sich auf sogenannte „freie Berufe" abstellt.
[14] *Enneccerus-Nipperdey* I, S. 108.
[15] AP Nr. 4[1R] zu § 133 f GewO.
[16] So auch *Krüger*, NJW 1949/163, 165.
[17] RAG 10/34.
[18] *Laufke*, Festschrift für Lehmann, S. 165/166.
[19] AP Nr. 25[5R] zu Art. 12 GG; AP Nr. 7[2] zu Art. 12 GG.
[20] Im Ergebnis auch *Staudinger* I, § 134 BGB Anm. 12 a und *Meier-Scherling*, RdA 1959/85, 87.

2. Ausgehend von § 138 BGB

Ebenso wie Wettbewerbsverbote nicht grundsätzlich gegen Art. 12 GG verstoßen, so gilt auch bezüglich § 138 BGB, daß Wettbewerbsverbote nicht an sich schon gegen die guten Sitten verstoßen, selbst dann nicht, wenn sie nicht auf §§ 74 ff. HGB, 133 f GewO gestützt werden können.

Ein Verstoß gegen § 138 BGB kann aber dann vorliegen, wenn durch die Abrede eine sittenwidrige Knebelung des Arbeitnehmers vorliegt, wie sie z. B. Schmidt[21] hinsichtlich ungebührlich langer Rückzahlungsfrist bei Gratifikationen sieht.

Das bloße Mißverhältnis zwischen Leistung und Gegenleistung oder allein die Höhe einer Vertragsstrafe reicht für die Annahme eines Verstoßes gegen § 138 BGB nicht aus. Der Gedanke der „laesio enormis" fand keinen Eingang in das BGB. Um auch zu verhindern, daß nicht über den Umweg des § 138 BGB dem Gedanken der „laesio enormis" doch wieder Geltung verschafft werde, forderte das Reichsgericht schon früh[22], daß zu dem auffälligen Mißverhältnis von Leistung und Gegenleistung auch noch das weitere in Abs. II von § 138 BGB aufgestellte Erfordernis — Ausbeutung der Notlage, des Leichtsinns oder der Unerfahrenheit — hinzukommen müsse.

Etwas später forderte das Reichsgericht, daß ein Rechtsgeschäft seinem Gesamtcharakter nach am Anstandsgefühl aller billig und gerecht Denkenden zu messen sei, um einen Sittenverstoß festzustellen[23].

Endlich kommt das Reichsgericht zu der bekannten Forderung, daß bei § 138 BGB „noch etwas Weiteres hinzukommen müsse, was der Vereinbarung überhaupt den Stempel der Sittenwidrigkeit aufdrückt und im ganzen vernichtungswürdig erscheinen läßt"[24]. Auch im Arbeitsrecht gelten diese Grundsätze, so daß beim Wettbewerbsverbot, wenn ein Verstoß gegen die guten Sitten vorliegen soll, eine zu mißbilligende Gesinnung des Arbeitgebers festzustellen sein muß[25].

---

[21] Betr. 1961/1355 ff., 1356, 1357.

[22] Im Jahre 1907, RG 64/181, 182.

[23] RG 80/219, 221 und 88/250, 254.

[24] RG JW 1921/1528; RG JW 1927/691; RG 114/304, 307; seitdem der große Senat des Reichsgerichts sich dieser Rechtsprechung ausdrücklich angeschlossen hat (RG 150/1 ff., 2. gr. Senat), ist es ständige Rechtsprechung geblieben, und auch der Bundesgerichtshof (L/M § 343 BGB Nr. 1 b) bestätigt die Rechtsprechung des Reichsgerichts und stellt fest, daß die ungerechtfertigte Höhe einer Vertragsstrafe für sich allein nicht ausreicht, um das Vertragsstrafenversprechen als sittenwidrig erscheinen zu lassen (so auch BGB-RGRK I 2) § 343 Anm. 4; *Palandt*, § 343 Anm. 1; *Larenz* I, S. 287).

[25] *Hueck-Nipperdey* I, S. 196; AP Nr. 1³ zu § 138 BGB; die zu mißbilligende Gesinnung muß jedoch nicht unbedingt vorsätzlich geäußert werden; es kann dazu unter Umständen auch grobe Fahrlässigkeit genügen (BGH NJW 1951/197). In der Praxis wird es aber auf diese feinen Unterscheidungen häufig nicht

Wie es bei der Beurteilung eines Wettbewerbsverbotes auf eine Fülle von Einzelheiten aus dem Tatbestand ankommt, muß bei der Prüfung der Klausel, gleich mit welcher Gruppe von Arbeitnehmern vereinbart, gelten, daß die Abrede zunächst einmal genau gemäß §§ 133, 157 BGB auszulegen ist, bevor man eine Bewertung vornehmen kann[26].

Ist § 138 BGB in einer seiner möglichen Formen erfüllt, so tritt nach dem Gesetzestext stets die Folge der Nichtigkeit ein; das würde für das Wettbewerbsverbot bedeuten, daß es so anzusehen ist, als ob es nie bestanden hätte; es entfaltet also keinerlei rechtliche Wirkung.

II. Lösungsmöglichkeiten über § 138 BGB

In Literatur und Rechtsprechung ist vielfach die Nichtigkeitsfolge bei Verstoß gegen die guten Sitten als unbefriedigend empfunden worden, und es wurden Möglichkeiten gesucht, einer totalen Nichtigkeit für das gesamte Rechtsgeschäft zu entgehen. Häufig wurde auch die Meinung vertreten, daß § 138 BGB gar nicht die völlige Nichtigkeit fordere, sondern nur des Teils, der über den Rahmen des Zulässigen hinausragt und somit die Unsittlichkeit begründet.

Im folgenden sollen Lösungsvorschläge der angedeuteten Art aufgezeigt werden, die zum Teil im Hinblick auf Wettbewerbsverbote, zum Teil aber für andere Gebiete entwickelt worden oder so grundsätzlicher Natur sind, daß die gewonnenen Ergebnisse auch für das Wettbewerbsverbot Bedeutung erlangen können.

1. Die Meinung von v. Tuhr

Schon sehr bald hat v. Tuhr[27] bezüglich überlanger Wettbewerbsverbote bemerkt, daß „in vielen Fällen die übermäßige Bindung eine nicht sowohl als unsittlich empfundene, als vielmehr eine aus sozialen und ökonomischen Gründen nicht zu duldende Erscheinung des Wirtschaftslebens" und im Interesse der Parteien beim Vorliegen von § 138 BGB die übermäßige Bindung auf das zulässige Maß herabzusetzen sei. Als Begründung gibt er an, daß der Gesetzgeber auf diesen Weg hinweise, wenn er beim Wettbewerbsverbot des Handlungsgehilfen (§§ 74 ff. HGB) nur den überschießenden Teil ungültig sein lassen will.

---

ankommen, da die verwerfliche Gesinnung aus dem Mißverhältnis der Leistungen geschlossen werden kann (so auch gr. Senat 150/1, 2; AP Nr. 1³R zu § 133 g GewO und AP Nr. 1³R zu § 138 BGB).

[26] AP Nr. 16¹R zu § 74 BGB; AP Nr. 3² zu § 133 f GewO; AP Nr. 4¹R zu § 133 f GewO; *Fuhr-Stahlhacke* III, § 133 f GewO Anm. III am Anfang und III 2.

[27] *V. Tuhr* II, 2, S. 38/39.

Wenn v. Tuhr schon an Wettbewerbsverbote denkt, die weitgehend vom Makel der Sittenwidrigkeit befreit sind, so erfüllen sie nicht den in § 138 BGB geforderten Tatbestand. Da aber die Vorschriften des HGB und der GewO bezüglich Wettbewerbsverbote Sondervorschriften sind, die also eine analoge Anwendung nicht dulden — entgegen der Ansicht v. Tuhrs — so bleibt eine Lösung völlig offen.

2. Die Rechtsprechung des RG bezüglich sogenannter Höchstpreise

Das Reichsgericht[28] hat entschieden, daß bei Überschreitung der Höchstpreise, die festgesetzt waren, um ein Ansteigen der Preise der durch Kriegsfolgen verknappten Lebens- und Gebrauchsmittel ins Uferlose zu verhindern, nicht das ganze Geschäft wegen Verstoßes gegen § 134 BGB nichtig, sondern zum festgesetzten Höchstpreis aufrechtzuerhalten sei. Die Höchstpreise zielten nämlich ganz unmittelbar auf einen wirtschaftlichen Zweck ab, nämlich den Schutz des Käufers, und nicht auf die „Verwirklichung eines Rechtsgedankens"[29].

Ebenso hatte das Reichsgericht[30] schon früher[31] entschieden, daß bei einem Verstoß gegen § 4 II Abz.Ges. sich aus dessen „legislatorischen Gründen" ergibt, daß die Klausel mit dem gesetzlich zulässigen Inhalt wirksam sei, da es keinen Grund gäbe, den Schutz des Käufers weiter auszudehnen, als zur Erreichung dieses Zweckes nötig sei.

Der spezielle Schutzzweck[32] mag in diesen Fällen die aufgezeigte Lösung rechtfertigen[33], eine grundlegend neue Interpretation des § 138 BGB kann jedoch daraus nicht gewonnen werden.

3. Die Meinung von Lehmann

Dagegen geht Lehmann[34] unmittelbar auf die Problematik bei Wettbewerbsverboten ein, und hält es für unzweckmäßig, über § 138 BGB volle Nichtigkeit eintreten zu lassen; die Nichtigkeit sei von „vornherein nur auf das Übermaß[35] innerlich begründet". Trotz der Bedenken des geltenden Rechtes seien diese nicht bei Wettbewerbsverboten be-

---

[28] RG 88/250, 251 ff.
[29] RG a.a.O.
[30] RG 64/92, 94, 95.
[31] Im Jahre 1907.
[32] Begründet durch die besonderen Verhältnisse in Kriegsfolgezeiten.
[33] So auch BGH JZ 1958/610, 611.
[34] *Lehmann*, Allg. Teil des BGB, S. 190.
[35] So auch bereits *Lehmann*, Wucher, S. 27 für Wuchergeschäfte im allgemeinen.

gründet; denn §§ 74 ff. HGB und 133 f GewO regelten ausdrücklich den Grundsatz der Restgültigkeit, deshalb sei dieser Grundsatz „zumindest kraft Ähnlichkeitsschluß" anwendbar auf nicht gesetzlich geregelte Wettbewerbsverbote.

Dieser Meinung stehen schon deshalb Bedenken entgegen, da ihre Begründung den Sonderregelcharakter der Bestimmungen über Wettbewerbsverbote im HGB und der GewO außer acht läßt und im Ergebnis zu einer analogen Anwendung führt.

4. Die Meinung von Lange

Während es sich bisher also um eine gesetzliche Vertragskorrektur und nicht um eine Gestaltung irgendeiner Art handelte — bei den Höchstpreisen „fand" der Richter, daß diese in ihrem Limit ihren Sinn haben, und wandte die so gefundene Norm an[36], Lehmann[37] sieht die Teilnichtigkeit des Übermaßes als „von vornherein" gegeben an —, findet sich bei Lange[38] ein mehr allgemeiner Lösungshinweis, wenn er durch eine „gestaltende Regelung" die strafende Gesamtnichtigkeit zurückdrängen will. Er spricht dabei von einer „Entwicklung der Rechtsprechung". Am Beispiel der Sicherungsübertragung zeigt er, welche unbillige Härte die volle Nichtigkeit aus § 138 BGB für den Sicherungs*nehmer* bedeute, während der rechtskundige Sicherungs*geber* von vornherein aus der Nichtigkeit nur Vorteile erwarten kann. Aus diesem Grunde soll die volle Nichtigkeit nur auf die „gröbsten Fälle" beschränkt bleiben.

Diese Lösung kann bezüglich der Sicherungsübereignung Geltung haben, wenn auch Bedenken angemeldet werden müssen, wie die Abgrenzung der „gröbsten Fälle" von den noch tragbaren Tatbeständen vollzogen werden soll, da der Maßstab des § 138 BGB infolge seiner Entschärfung dann für diese Fälle kaum mehr herangezogen werden kann. Für Wettbewerbsverbote scheidet diese Lösung jedenfalls aus, da eine Rücksicht auf den Schutz des Arbeitnehmers nicht nötig ist, weil nichtige Wettbewerbsverbote den Arbeitnehmer von Verpflichtungen freistellen.

5. Die Meinung von Sieg

Sieg[39] spricht bereits von herrschender Lehre, nach der heute „Verträge, die mit dem Makel der Gesetz- oder Sittenwidrigkeit (§§ 134, 138 BGB; 4 II Abz.Ges.) behaftet sind, nicht unheilbar nichtig zu sein brau-

---

[36] *Bötticher*, DRWiss 1942/125 ff., 126 und *Wieacker*, AöR Bd. 29/30, S. 1 ff., 21.
[37] Oben S. 27 Fußn. 34.
[38] *Lange*, NJW 1950/565 ff., 567.
[39] *Sieg*, NJW 1951/506 ff., 508.

chen, sondern, daß sie aufrecht erhalten werden können, soweit die Bindung das erlaubte Maß nicht überschreitet". Die Voraussetzung dafür sei aber, daß der verbleibende „Torso" noch dem hypothetischen Willen der Parteien entspreche (§ 139 BGB).

Sieg zieht also bereits § 139 BGB hinzu; im Grunde genommen handelt es sich auch mehr um ein Problem des § 139 BGB als um § 138 BGB, denn es ging bisher doch darum, einen ungültigen Teil von einem gültigen Restteil trennen zu können. Die Problematik erhält aber dann einen anderen Akzent, denn die h. M. verlangt für die Anwendung von § 139 BGB die Teilbarkeit eines einheitlichen Geschäftes[40], so daß nach Abtrennung des unwirksamen Teils ein Rest zurückbleibt, der als selbständiges Rechtsgeschäft bestehen bleiben kann[41].

6. Die Meinung von Raiser

Wenn man davon ausgeht, generell die völlige Nichtigkeit eines Rechtsgeschäftes zu vermeiden, so erscheint der Weg über § 139 BGB ungeeignet, da es dort nicht auf die „objektive Vernunft", sondern auf den „hypothetischen Parteiwillen" ankommt, die völlige Nichtigkeit folglich die Regel sein wird[42].

Raiser[43] ist der Meinung, daß bezüglich der allgemeinen Geschäftsbedingungen die Folge der Nichtigkeit bei Verstoß gegen § 138 BGB deshalb zu starr und unangebracht sei. „Das Ziel muß statt dessen sein, das Geschäft in den Schranken des Zulässigen aufrecht zu erhalten".

Raiser hält aber zu diesem Zweck § 138 BGB gänzlich für ungeeignet. Da sich bei den allgemeinen Geschäftsbedingungen der Kunde in der Regel einem Monopol gegenübersieht, wird § 138 BGB somit meist nur infolge Monopolmißbrauchs gegeben sein.

Für den Fall aber, daß der Kunde einen Vertrag schließt, obwohl er ihn auch woanders abschließen könnte, jedoch auf die Redlichkeit seines Geschäftspartners vertraut oder die Tragweite der allgemeinen Geschäftsbedingungen nicht übersieht, würde § 138 BGB versagen. Mit Recht fragt Raiser, ob der Unternehmer, der auf die Gleichgültigkeit und rechtliche Unerfahrenheit seiner Kunden spekuliert, schutzwürdiger ist als der, der seine wirtschaftliche Macht ausnützt[44]. Raiser verneint einen Unterschied, weil der Maßstab der Beurteilung das „Wohl der Gesamt-

---

[40] *Palandt*, § 139 Anm. 2; *Erman* I, § 139 Anm. 7; RG 39/334, 338.
[41] RG a.a.O.
[42] *Raiser*, Geschäftsbedingungen, S. 321.
[43] a.a.O.
[44] a.a.O., S. 284.

heit" ist, das in keiner Form gestört werden darf. Deshalb sieht er[45] die Schranken der individuellen Betätigungs- und somit auch der Vertragsfreiheit im Recht als einer Gemeinschaftsordnung „immanent", und es bedarf folglich nicht erst eines Gesetzes, um diese Schranken aufzurichten. § 138 BGB sei zwar allenfalls nach seinen Voraussetzungen, aber nur schlecht hinsichtlich seiner Rechtsfolgen den Tatbeständen anzupassen, für die er ursprünglich nicht bestimmt war[46].

Dieser Meinung muß entgegengehalten werden, daß Raiser sich wohl zu früh auf den Boden einer gewagten Konstruktion seiner „immanenten Rechtsschranken" begeben hat, ohne vorher, wie es scheint, § 138 BGB voll ausgeschöpft zu haben. Um die Verbindung mit den Wettbewerbsverboten wieder herzustellen, kann als Gegenstück des Monopolmißbrauchs bei den allgemeinen Geschäftsbedingungen im Gebiet des Arbeitsrechts die Ausnützung einer Notlage hingestellt werden, etwa dergestalt, daß der Arbeitgeber bei Vergabe des als einzig in Frage kommenden Arbeitsplatzes für den Arbeitnehmer diesem eine unerhört lange und weitgehende Wettbewerbsabrede aufzwingt. § 138 BGB umfaßt aber mehr als nur den Fall des Machtmißbrauchs; er umfaßt auch die Ausbeutung des Leichtsinns oder der Unerfahrenheit; Raiser hätte also bezüglich der auf die Redlichkeit vertrauenden, unerfahrenen Kunden § 138 BGB noch nicht verlassen müssen.

7. Die Meinung von Eckstein

Sehr eingehend hat sich auch Eckstein[47] mit den Folgen unsittlicher Rechtsgeschäfte befaßt. Aus der Erkenntnis heraus, wie abträglich es dem gesamten Wirtschaftsleben sei, bei einem Verstoß gegen die guten Sitten immer gleich völlige Nichtigkeit anzunehmen, da doch andere Rechtsverhältnisse oft auf ein solches aufbauten und dies ahnungslosen Dritten häufig nicht erkennbar sei, bietet er eine Lösung an, die tatsächlich im ersten Augenblick besticht.

Er unterscheidet zunächst zwischen wahrer Unsittlichkeit, die ipso iure Nichtigkeit zur Folge habe und der Unveräußerlichkeit von Rechten, z. B. der Freiheit, worüber von vornherein gar kein Vertrag geschlossen werden könne[48].

Wohl könne man über seine wirtschaftliche und sonstige Freiheit bis zu einem gewissen Höchstmaß verfügen, wird jedoch diese Grenze überschritten, könne die Verpflichtung nicht rechtswirksam werden.

---

[45] a.a.O., S. 282.
[46] a.a.O., S. 323.
[47] ArchBürgR Bd. 41/178 ff.
[48] So bereits *Eckstein*, ArchBürgR Bd. 38/195 ff., 207.

II. Lösungsmöglichkeiten über § 138 BGB

„Die Nichtentstehbarkeit des Vertrages hat nun seine absolute Nichtexistenz nicht zur Folge, sondern nur seine beschränkte Existenz bis zur Grenze des rechtlich Zulässigen[49]." Ein Rechtsgeschäft sei aber nichtig, wenn es objektiv, d. h. seinem Inhalte nach unsittlich ist, oder wenn es unsittlich an sich ist, abgesehen von den besonderen begleitenden Umständen, abgesehen auch von den Personen und Beteiligten, „mit anderen Worten, wenn man ohne Kenntnis der Umstände die Unsittlichkeit erkennen kann, sofern das Rechtsgeschäft in seiner Ganzheit vorliegt"[50]. Die Unsittlichkeit liege also in einer Qualität der Leistung, es handele sich folglich um eine qualitative Unsittlichkeit. Diese Art von Unsittlichkeit meine das Gesetz, wenn es von unsittlichen Rechtsgeschäften spricht, also auch § 138 BGB[51]. Daneben gäbe es aber noch Rechtsgeschäfte, bei denen die Unsittlichkeit lediglich im Verhältnis zweier Leistungen zueinander zu finden sei, „also in einer Relation und, wenn man die Antithese schärfer pointieren will, zugleich im Quantitativen"[52]. Es handele sich also hier bei unsittlich inäquivalenten Verträgen um eine quantitative Unsittlichkeit, die mit der Unsittlichkeit des § 138 BGB nichts zu tun habe und überhaupt nicht speziell geregelt sei[53].

Diese Unterscheidung weist somit den Weg zu seiner Lösung. Während beim qualitativ unsittlichen Vertrag unrettbare Nichtigkeit folge, sei dies beim quantitativ unsittlichen Vertrag nicht der Fall.

Durch Herabsetzen der Quantität auf die Stufe des sittlich vertretbaren Rechtsgeschäftes werde nur der nichtige, weil in das Gebiet der Inäquivalenz hineinragenden Teil beseitigt, ohne die Rechtsgültigkeit und das Wesen des Geschäftes zu verändern. Nur der quantitativ überschießende Teil werde von der Nichtigkeit betroffen[54, 55].

Zur Illustration seiner Konstruktion bringt er ein Beispiel[56], das er nach seiner Theorie löst. An diesem Beispiel wird dann die Kritik zu diesem Lösungsvorschlag einzusetzen haben:

> Er schickt dem Beispiel voraus, daß nicht gerade „eine besondere Unsittlichkeit der Personen" angenommen werden soll[57].

---

[49] ArchBürgR Bd. 41/224.
[50] a.a.O., S. 202.
[51] a.a.O., S. 225, 226.
[52] a.a.O., S. 225.
[53] a.a.O., S. 226.
[54] a.a.O., S. 226.
[55] Im Ergebnis also, allerdings nur auf einen Teil aller möglichen Fälle beschränkt, wie bei *v. Tuhr* und *Lehmann*, oben S. 26 bzw. S. 27.
[56] a.a.O., S. 229.
[57] a.a.O., S. 229.

> Ein Großunternehmer will sich baulich notgedrungen erweitern, er kauft deshalb alle Nachbargrundstücke auf, nur ein kleiner Grundstückspächter gibt sein Land nicht her und nützt die Notlage des Unternehmers aus, da er weiß, daß dieser auf Grund seiner Weigerung nicht zu bauen beginnen kann. Er fordert eine unerhört große Summe Abstandsgeld, die er schließlich auch vom Unternehmer bekommt.

Eckstein sieht diesen Vertrag, obwohl seiner Meinung nach Wucher ausscheide, als unsittlich an, und zwar nur als quantitativ unsittlich. Somit sei der Vertrag bis zur zulässigen Grenze aufrechtzuerhalten und nur das Übermaß an Abstandsgeld entfalle wegen Nichtigkeit. Eine Nichtigkeit des ganzen Vertrages sei „am weitesten den Intentionen der Parteien entfernt"[58].

Trotz der einführenden Bemerkung, eine besondere Unsittlichkeit außer acht zu lassen, ergibt sich jedoch aus dem angeführten Tatbestand, daß es sich im Grunde genommen doch um einen Fall von Wucher handelt, indem die Notlage des Unternehmers ausgenützt wird.

Hat jedoch das bekannte starke Interesse des Unternehmers an dem Stück Land nur den Preis steigernd beeinflußt, ohne aber die Grenze zur Ausnützung der Notlage und folglich zum Wucher zu überschreiten, — hier könnte die Einschränkung hinsichtlich der verwerflichen Gesinnung der Personen Bedeutung haben — so war es für den Landpächter ein Erfolg seiner Geschäftstüchtigkeit. Diese Geschäftstüchtigkeit ist aber, solange sie sich in den Grenzen des Zulässigen hält, ein wesentliches Merkmal im gesamten Gefüge eines gesunden Wirtschaftslebens.

Auch die Nichtigkeitsfolge wegen Wuchers in diesem Fall hätte nicht den Vorwurf hinnehmen müssen, volkswirtschaftlich untragbar zu sein. Beide Parteien hätten in diesem Fall einen neuen Preis aushandeln müssen, wobei der Unternehmer den Forderungen des Landpächters so weit entgegenkommen wird, soviel ihm das Stück Land gerade noch wert ist, während der Landpächter an das Risiko zu denken haben wird, daß der Unternehmer infolge des hohen Preises seine Bauplanungen ändert und die kleine Landparzelle infolge seiner isolierten Lage praktisch wertlos ist. Es kann nicht als unbillig angesehen werden, daß der Landpächter dieses Risiko bei Nichtigkeit als Strafe für seine Wucherforderung hinnehmen muß.

Eckstein legt bei seiner Lösung stets die Annahme zu Grunde, daß die Parteien den Willen hatten, das Rechtsgeschäft bis zur zulässigen Höchstgrenze aufrechtzuerhalten. Die unmittelbare Anwendung des § 139 BGB

---

[58] a.a.O., S. 229.

II. Lösungsmöglichkeiten über § 138 BGB

lehnt er aber ab. Wenn etwa bei einem unzulässigen Wettbewerbsverbot oder einer übermäßigen Vertragsstrafe die Parteien die Höchstgrenze überschritten haben, „so befinden sie sich eben über die Grenze im Irrtum"[59], gewollt ist aber nur der „Ausschluß der Freiheit bis zur zulässigen Grenze".

Eckstein geht dabei von einer geradezu idealistischen Betrachtung der Vertragsparteien aus, die in höchst uneigennütziger Weise stets auch die Belange des Gegenübers wie eigene behandeln. Bei solch edler Gesinnung wäre es dann überflüssig, überhaupt vertragliche Vereinbarungen fixieren zu wollen. In praxi ist es aber so, daß der Arbeitnehmer beim Wettbewerbsverbot sich am liebsten gar nicht binden möchte und ein Wettbewerbsverbot nur als ein notwendiges Übel ansieht. Hätten die Parteien eine Vorstellung von der zulässigen Höchstgrenze gehabt, so hätten sie auch bis dahin abgeschlossen. Die Parteien hatten also keine gemeinsame Vorstellung von der zulässigen Höchstgrenze, sonst wären sie ja nicht darüber hinausgegangen. Somit ist nach ihrer Meinung das „vermeintlich Geringere nicht etwas Geringeres, sondern etwas anderes", was sie eben nicht vereinbart haben[60]. Außerdem läuft diese Argumentation Ecksteins im Ergebnis auf einen Kontrahierungszwang hinaus, da derjenige, gegen den sich der quantitative Sittenverstoß richtet, am Vertrag festgehalten wird. Eckstein meint dazu, daß der Ausbeuter oder Wucherer, falls der „subsumierte Vertrag" nicht seinem Willen entspricht, am reduzierten Vertrag festhalten muß, wenn er auch den Willen hatte, nur zu übermäßigen Bedingungen abzuschließen[61].

Dies würde sich mit dem Einwand der unzulässigen Rechtsausübung oder mit dem von der neueren Rechtsprechung bei Wucherzinsen gewonnene Ergebnis, wonach der Bewucherte das Kapital zinslos die vereinbarte Zeit über behalten darf, zu Recht begründen lassen.

Im Ergebnis zeigen sich also Ähnlichkeiten — wenn auch nur für einen Teil aller möglichen Fälle — mit dem Lösungsvorschlag von v. Tuhr und Lehmann[62]. Während diese eine Lösung aus § 138 BGB suchten, hat Eckstein bereits erkannt, daß § 138 BGB allein für eine zweckmäßige Lösung nicht ausreicht; indem er die richtige Bedeutung des § 138 BGB grundsätzlich gesehen hat, unterließ er es, aus ihm gewaltsam eine Lösung zu suchen.

---

[59] a.a.O., S. 229.
[60] So RG 76/78 ff., 80, für einen Fall des § 139 BGB; die Argumentation des RG trifft auch hier zu, wenn auch Eckstein § 139 BGB nicht anwenden will.
[61] „Diesem Willen kommt rechtlich so wenig Bedeutung zu, wie einer Mentalreservation", Eckstein, a.a.O., S. 230.
[62] Oben S. 26 bzw. 27.

8. Kritik

Es muß zugegeben werden, daß §§ 74 ff. und 133 f GewO die Fälle absoluter Nichtigkeit einzuschränken versuchen; deswegen darf aber nicht allgemein das Unzulässige durch das Zulässige ersetzt werden[63]. Dies würde de lege lata nicht haltbar sein. De lege ferenda ist sicherlich diese Lösung beachtenswert. Vielmehr ist daran festzuhalten, daß § 138 BGB grundsätzlich die vollständige Nichtigkeit des Rechtsgeschäftes anordnet[64]. „Der Schutzgedanke, der sich nach geltendem Recht auf die Rechtsfolge der Nichtigkeit begrenzt", darf nicht überspannt werden und somit ein Übergang von der Vertragsfreiheit zum Vertragsabschlußzwang erfolgen[65].

Auch der BGH[66] sieht nach geltendem Recht keine Möglichkeit, einer völligen Nichtigkeit bei Verstoß gegen § 138 BGB abzuhelfen, namentlich dann, wenn auch die Voraussetzungen für den Weg über § 139 BGB nicht gegeben sind.

III. Lösungsmöglichkeit über § 139 BGB

Wird auch nur ein Teil eines Rechtsgeschäftes von der Nichtigkeit ergriffen, so ist das ganze Rechtsgeschäft nichtig, es sei denn, es ist anzunehmen, daß es den Parteien auf den nichtigen Teil nicht angekommen wäre (§ 139 BGB).

Auf den ersten Blick will es scheinen, daß mit dieser Bestimmung sich aus dem Gesetz eine gute Lösungsmöglichkeit für übermäßig bindende Wettbewerbsverbote ergeben könnte. Es soll nun untersucht werden, inwieweit die Voraussetzungen zur Anwendung des § 139 BGB bei Wettbewerbsverboten zu finden sein werden.

1. Das Verhältnis von § 139 BGB zu § 138 BGB

Obwohl § 139 BGB schlechthin von nichtigen Rechtsgeschäften spricht, ist es nicht unbestritten, ob auch speziell wegen Verstoßes gegen § 138 BGB nichtige Rechtsgeschäfte von § 139 BGB umfaßt werden können.

a) Die Stellung des BGH

Der BGH[67] weist darauf hin, daß bisher höchstrichterlich noch nicht darüber entschieden worden ist, und läßt die Frage weiterhin offen,

---

[63] *Enneccerus-Nipperdey* II, S. 1179.
[64] *Staudinger* I, § 138 Anm. 21a.
[65] *Enneccerus-Nipperdey* II, S. 1179.
[66] BGH JZ 1958/610, 611.
[67] L/M § 139 BGB Nr. 8.

indem er auf das RG verweist⁶⁸, das seinerseits eine Entscheidung darüber ausdrücklich dahingestellt sein ließ. Auch eine neuere Entscheidung des BGH⁶⁹ läßt diese Frage bezüglich des § 138 BGB ausdrücklich unentschieden. Diese Entscheidung des BGH⁷⁰ muß in ihrer ganzen Ausführung zu § 139 BGB als nicht glücklich bezeichnet werden. Dies schon deswegen, weil die ausgewählten zitierten Fundstellen aus der Literatur, mit dem Hinweis angegeben, daß sie sich *für* eine Anwendung des § 139 BGB auch auf die Nichtigkeit wegen Unsittlichkeit aussprechen, gerade am wenigsten überzeugend sind. Aus dem zitierten Reichsgerichtsrätekommentar⁷¹ läßt sich nur die Meinung für eine analoge Anwendung des § 139 BGB entnehmen. Volkmar, ebenfalls zitiert⁷², muß sogar aus dem Gesetz die entgegengesetzte Ansicht gewonnen haben, da er den Boden der gesetzlichen Vorschriften ganz verlassen hat und erst über eine „Ausweitung" des § 139 BGB zu dem vom BGH bei ihm erkannten Ergebnis kommt.

b) Die Ansicht des RG und des Schrifttums

Entgegen der Ansicht des BGH liegen höchstrichterliche Entscheidungen zu diesem Problem vor⁷³. Das RG hat wohl entschieden, daß § 139 BGB bezüglich der Folgen eines Verstoßes gegen § 138 BGB anzuwenden ist⁷⁴ und hat generell festgestellt, daß § 139 BGB für alle Fälle der Nichtigkeit gilt, insbesondere auch für die aus § 138 BGB⁷⁵.

Auf Grund dieser eindeutigen Entscheidungen ist es herrschende Lehre, daß § 139 BGB auch für die Nichtigkeit aus § 138 BGB anzuwenden ist⁷⁶.

§ 139 BGB stellt die einzige Möglichkeit dar, die unmittelbar aus dem Gesetz entnommen werden kann, um die Nichtigkeit mit ihren sprengenden Konsequenzen zu vermeiden.

2. Der Gedanke des § 141 II BGB

§ 141 II BGB, die Bestätigung durch die Parteien, muß ausscheiden, da durch die bloße Bestätigung ein unsittliches Rechtsgeschäft nicht zu einem sittlichen werden kann⁷⁷.

---

⁶⁸ RG gr. Senat 161/52 ff., 55.
⁶⁹ JZ 1958/610, 611.
⁷⁰ L/M a.a.O.
⁷¹ BGB-RGRK I 1, § 138 Anm. 2.
⁷² ZAKDR 1937/634, 635.
⁷³ Dies stellt auch *Sandrock*, AcP Bd. 159/481 ff., 483 und 515 fest.
⁷⁴ RG Warn. Ergänzungsband 1914 Nr. 178.
⁷⁵ RG 131/213, 222 mit Hinweis auf RG in Warn.-Rspr. 1917 Nr. 172.
⁷⁶ *Staudinger* I, § 138 Anm. 21; *Soergel-Siebert* I, § 139 Anm. 6; *Erman* I, § 139 Anm. 5; im Ergebnis auch *Enneccerus-Nipperdey* II, S. 1172.
⁷⁷ RG 64/146, 149; *Erman* I, § 141 Anm. 2.

3. Der Inhalt von § 139 BGB

a) Teilbarkeit des Rechtsgeschäftes

Eine grundsätzliche Voraussetzung für die Anwendung von § 139 BGB ist, daß das Rechtsgeschäft teilbar ist, und zwar so, daß nach Abtrennung des unwirksamen Teiles ein Rest zurückbleibt, der als selbständiges Rechtsgeschäft bestehen kann[78]. Diese Teilbarkeit kann sowohl rein äußerlich sichtbar sein, also rein aus dem organischen Gefüge hervorgehen, als auch mehr gedacht, also vom Parteiwillen bestimmt sein. Ist das Rechtsgeschäft aber in seinem Gesamtcharakter sittenwidrig, so ist es auch in seiner Gesamtheit nichtig, und die Frage einer teilweisen Gültigkeit kann gar nicht erst entstehen[79]. Dies wird aber bei Wettbewerbsverboten besonders zu beachten sein, da doch hier das Verhältnis von Ort, Zeit, Gegenstand, Karenzentschädigung und berechtigtem Interesse des Arbeitgebers in seiner Gesamtheit an § 138 BGB zu messen ist. Auch der Versuch, eine weitere Unterteilung an den einzelnen Begriffen vorzunehmen, wird in aller Regel nicht möglich sein.

Nehmen wir als Beispiel an, ein Wettbewerbsverbot hält sich bezüglich Ort, Gegenstand, Karenzentschädigung und berechtigtem Interesse des Arbeitgebers in den vertretbaren Proportionen, nur die Dauer ist ungebührlich lang:

Es bedarf der grundsätzlichen Feststellung, wie bereits durch Sandrock[80] angedeutet, daß nicht so verfahren werden darf, diese Einzelklausel durch Einzelausschaltung mit Hilfe von §§ 138, 139 BGB aus der gesamten Abrede herauszunehmen, bevor deren Gesamtcharakter geprüft worden ist; denn nur die Prüfung des Gesamtcharakters ergibt, ob Sittenwidrigkeit vorliegt oder nicht[81]. Ist die Abrede in ihrem Gesamtcharakter aber zulässig, so kann erst jetzt nach § 139 BGB gefragt werden, ob die einzelne Klausel sittenwidrig ist und ob der Vertrag bestehen kann. Da wir aber davon ausgingen, daß die übrigen Bestandteile der Klausel sich in zulässigem Rahmen halten, dürfen wir nun, nachdem wir einen sittenwidrigen Gesamtcharakter ausgeschlossen haben, die Einzelklausel über die Dauer der Abrede näher betrachten.

Eine Zerlegung der Zeit in einen zulässigen und einen unzulässigen Teil ist aber nicht möglich, denn gerade die Vereinbarung der Zeit in ihrer unzulässigen Dauer im ganzen führt die Nichtigkeit — das verwerfliche, subjektive Element vorausgesetzt — zumindest der Bestimmung über die zeitliche Dauer, herbei[82].

---

[78] RG 93/334, 338.
[79] So auch *Sandrock*, AcP Bd. 159/481 ff., 516.
[80] AcP Bd. 159/481 ff., 516.
[81] RG JW 1938/2393 Nr. 1; *Staudinger* I, § 138 Anm. 15 b.
[82] BGH JZ 1958/610, 611 verneint eine Zerteilung bezüglich der unzulässigen Höhe eines Entgeltes, also einer Summe, ebenso BGH NJW 1958/1772.

b) *Vermutung nach dem Parteiwillen*

Die Nichtigkeit der Abrede über die Dauer führt aber zur Nichtigkeit der gesamten Abrede, wenn die Parteien das Wettbewerbsverbot nicht auch ohne die zeitliche Begrenzung geschlossen hätten. Dabei kommt es auf den mutmaßlichen Willen der Parteien an[83]. Bei der Erforschung dieses Willens sind die im gesamten Vertragswerk bzw. der gesamten Klauseln gestalteten Interessen und die gesamten Umstände heranzuziehen, so daß es sich also mehr um einen „objektivierten Vertragswillen" handelt[84].

4. Kritik

Um auf unser Beispiel zurückzukommen, ergibt sich, daß die gesamte Abrede nichtig sein wird, da nicht anzunehmen ist, daß der Arbeitnehmer eine Bindung ohne zeitliche Grenze eingegangen wäre. Eine Abrede ohne jede zeitliche Abgrenzung, wie sie sich darstellt ohne die unzulängliche Klausel über die Zeit, ist aber noch unhaltbarer, als eine mit nur extrem langer Dauer. Das erhaltene Ergebnis ist daher insofern logisch etwas inkonsequent, als eine Abrede ohne zeitliche Begrenzung von vornherein schon nichtig gewesen wäre, es also auf die präsumtive Zustimmung des Arbeitnehmers gar nicht mehr ankommen kann. Das Ergebnis soll aber zeigen, daß § 139 BGB für eine Lösung nicht geeignet ist, da Wettbewerbsverbote besonders häufig von der Nichtigkeitsvermutung dieser Vorschrift erfaßt sein werden[85].

IV. Lösungsmöglichkeit nach § 242 BGB

Wie bei § 139 BGB gezeigt wurde, ist es mit Hilfe dieser Bestimmung wohl möglich, Klauseln und Verträge zu ändern, jedoch nur in dem Sinne, daß ihr Umfang und Ausmaß beschnitten wird, ohne aber dafür etwas Neues oder anderes einsetzen zu können. Gerade deshalb ist es zu praktisch unbrauchbaren Lösungen für unser Problem gekommen.

1. Die Entwicklung

In Rechtsprechung und Schrifttum wurde und wird immer wieder der Versuch unternommen, beim Richter eine Befugnis zu sehen, unhaltbare Rechtsgeschäfte in annehmbarem Ausmaß umzukorrigieren.

---

[83] *Palandt*, § 139 Anm. 3.
[84] *Erman* I, § 139 Anm. 6.
[85] So im Ergebnis auch *Raiser*, Geschäftsbedingungen, S. 321.

„Denn, wo dem Richter versagt ist, außer der Rechtsanwendung Recht zu finden und hervorzubringen, kann der Vertrag, der aus den Schienen des Parteiwillens sprang, nur nichtig sein." Es setzt sodann ein „erdachtes Kondiktionen-System ein, als eines der „Trophäen des positivistischen Normativismus"[86].

a) Die Anfänge beim RG

Schon sehr bald hatte sich das RG mit diesem Problem bei Verträgen zu befassen, die infolge Kriegs- und Inflationswirkung völlig veränderte Leistungsverhältnisse aufwiesen.

aa) Restriktive Auslegung

Das RG legte ursprünglich bei Betrachtung der Aufgabe des Richters, nur vorgelegte Tatsachen zu „entscheiden" (da mihi facta, dabo tibi ius), die allerengste Interpretation zu Grunde und sah, da auch die Gesetzgebung des Krieges dem Richter keine Anhaltspunkte dafür in die Hand gegeben hatte, keine Möglichkeit zur Milderung der entstandenen Härten[87]. Nach geltendem Recht konnte es nur darum gehen, ob ein Rücktrittsrecht als eine der obengenannten „Trophäen"[88] wegen Unmöglichkeit der Leistung vorliegen würde. Eine Unmöglichkeit der Leistung, wie das Gesetz es meint, lag aber selbst durch Kriegs- und Inflationsfolgen in aller Regel nicht vor.

bb) Preisgabe dieser Auffassung

Das RG legte der Entscheidung, ob es von der restriktiven Betrachtungsweise der Richterfunktion abgehen solle, so grundlegende Bedeutung bei, daß es sich lieber der Kritik aussetzte, lebensfremd zu entscheiden, als, vielleicht in seinen Augen unmotiviert, den bisherigen Standpunkt aufzugeben. Endlich jedoch gab der Senat[89] seine bisher vertretene Ansicht auf und sah allein die „erste und vornehmste Pflicht des Richters" darin, „in seiner Rechtsprechung den unabweislichen Bedürfnissen des Lebens gerecht zu werden und sich in dieser Beziehung von den Erfahrungen des Lebens leiten zu lassen. Den dafür als „wünschenswert oder nötig erachteten Anhalt" sah das RG in Bestimmungen des positiven Rechts, nämlich in den §§ 242 (157) 325 BGB.

---

[86] *Wieacker*, AöR Bd. 29/30, S. 1 ff., 13, 14.
[87] RG 86/397, 398; RG 90/374, 375.
[88] *Wieacker*, a.a.O.
[89] 3. Zivilsenat des RG, RG 100/129 ff., 132, der auch die beiden obengenannten Urteile gefällt hatte.

IV. Lösungsmöglichkeit nach § 242 BGB

b) Der Beitrag Nipperdeys

Ebenso wie das RG sah auch Nipperdey[90] — allerdings auch auf durch Krieg und Inflation geänderte Umstände beschränkt — in § 242 BGB nicht nur eine Einrede, sondern eine objektive Beschränkung des Leistungsbefehls. „Nichtzumutbares ist ipso iure nicht geschuldet"[91], wobei aber Nichtzumutbares keine Unmöglichkeit der Leistung ist[92].

Nipperdey unterscheidet zwischen äußerer und innerer Vertragstreue[93], wobei sich aus der inneren Vertragstreue die „Verpflichtung zur Anpassung an die veränderten Umstände" ergibt. Auf dieser Grundlage kommt der Richter zu einer „objektiven interpretativen Feststellung des Vertragsinhaltes"[94], also zu einer deklaratorischen Feststellung der beiderseitigen Leistungen[95].

c) Die Bedeutung in der Folgezeit

Obwohl sich in der Folgezeit die Befürchtungen des RG (die es sicher unausgesprochen hegte, als es dabei blieb, dem Richteramt enge Grenzen zu stecken) leider erfüllt haben, als gerade über die Generalklauseln der Richter „nationalsozialistischer Weltanschauung und gesundem Volksempfinden" zur Vorherrschaft über den wahren Parteiwillen verhelfen konnte[96], erlebte in der Zeit nach dem zweiten Weltkrieg und der Währungsreform die vom RG[97] erkannte vornehmste Aufgabe des Richters eine Renaissance.

Auf dieser Basis hat sich auch die Lehre vom Wegfall oder der Änderung der Geschäftsgrundlage herausgebildet, die ihre Rechtsgrundlage ebenfalls aus § 242 BGB entnimmt[98].

2. Die Brauchbarkeit des bisherigen Ergebnisses für Wettbewerbsverbote

Mit Hilfe der bisherigen Betrachtungen über § 242 BGB können wir für Wettbewerbsverbote aus § 242 BGB eine Lösung entnehmen, die zwar nicht den Kern des zu lösenden Problems trifft, dennoch aber zur Abrundung der gesamten Problematik gelöst sein möchte.

---

[90] Vertragstreue, S. 17.
[91] a.a.O.
[92] a.a.O., S. 19.
[93] a.a.O., S. 22.
[94] a.a.O., S. 44 Anm. 54.
[95] a.a.O., S. 31, 32, 33.
[96] So noch *Staudinger* II, 10. Aufl. Einl. vor § 241 Rdn. 500 und 503.
[97] RG 100/129 ff., 132.
[98] *Staudinger* II, 1 b, § 242 Rdn. E 391.

Nehmen wir als Beispiel an, daß ein Wettbewerbsverbot zur Zeit, als es vereinbart wurde, den damals herrschenden Umständen gemäß rechtsgültig war. In der Folgezeit können sich aber Änderungen im Wirtschaftsleben oder auf dem Gebiete der Technik ergeben haben, die das Wettbewerbsverbot als zu weitgehend oder gar überflüssig, eventuell aber auch als zu schwach für den Schutz des Arbeitgebers erscheinen lassen.

Es ist denkbar, daß diese Wettbewerbsabrede, würde sie jetzt mit dem gleichen Inhalt abgeschlossen werden, gegen die guten Sitten verstoßen könnte. Dies deshalb, weil bei einer vor 20 Jahren bei Abschluß der Abrede vereinbarten Dauer von 3 Jahren für einen mittlerweile 60jährigen Arbeitnehmer dieser Zeitraum das Ausscheiden aus dem Arbeitsleben zu bedeuten hätte, da er bei seinem Alter nach dem Ende der vereinbarten Dauer der Abrede keinen beruflichen Anschluß mehr finden würde. Es kann aber doch nicht rechtens sein, daß eine Abrede nichtig wäre, wenn sie heute geschlossen werden würde und nur deshalb zu gelten hätte, weil sie früher einmal rechtsgültig abgeschlossen worden ist.

Es sollte daher in diesem Fall nicht erst auf dem Umweg über die Einrede der unzulässigen Rechtsausübung oder der clausula rebus sic stantibus und auch nicht über die Lehre von der Änderung der Geschäftsgrundlage[99] eine Lösung zu suchen sein, sondern bereits unmittelbar aus § 242 BGB eine „objektive Beschränkung des Leistungsbefehls"[100] entnommen werden können.

3. Meinungen zur Auslegung des § 242 BGB

Die Lehre ist jedoch bei diesen Ergebnissen nicht stehen geblieben, sondern hat auch versucht, eine Vertragskorrektur durch den Richter zu rechtfertigen, wenn ein Rechtsgeschäft nichtig ist.

a) Die Ansicht von Wieacker

Wieacker[101] verkennt nicht, daß der Richter an eine lückenlose Normenaufzeichnung gebunden ist und daß sich die Richtertätigkeit grundsätzlich auf Rechts*anwendung* beschränkt, d. h. „auf einen engen Ausschnitt des Richtens insofern die abstrakte Norm die Entscheidung als bedingte schon ausspricht". Wohingegen die Norm schweigt, verweise sie den Richter auf die „Befolgung des Parteiwillens".

---

[99] Jeweils von § 242 BGB ausgehend.
[100] *Nipperdey*, Vertragstreue, S. 17.
[101] *Wieacker*, AöR Bd. 29/30, S. 37.

Dieser Satz kann in seiner Allgemeinheit nicht uneingeschränkt hingenommen werden, da im Verhältnis zum Parteiwillen eine Norm nur zu leicht als schweigend angesehen werden kann.

Wieacker[102] glaubt, daß bei nichtigen typischen Schuld- und Arbeitsverträgen (untypische nimmt er aus) eine Fortbildung durch den Richter möglich sei, um dem Parteiwillen trotz Verbots- oder Sittenwidrigkeit zur Geltung zu verhelfen. Auf welche Rechtsgrundlage sich der Richter dabei stützen soll, spricht er nicht aus, läßt aber erkennen, daß § 242 BGB durchaus dafür geeignet sei[103].

Es bestehen doch Bedenken, § 242 BGB für ein korrigierendes Tätigwerden des Richters heranzuziehen, da nur zu leicht ein Mißbrauch möglich ist. Mit Recht sieht Esser[104] darin die Gefahr eines „richterlichen Interventionismus", der dann auf die Privatautonomie ungebührlich stark einwirken könnte.

b) Die Ansicht von Raiser

Raiser[105] bezeichnet nicht nur § 138 BGB als lösungsuntauglich, sondern lehnt auch § 242 BGB kompromißlos ab, da § 242 BGB nur für die „Erfüllung" eines bereits gültig abgeschlossenen Rechtsgeschäftes, aber nicht für die Schranken der „Gestaltung" eines Rechtsgeschäftes gedacht ist.

Ausgehend von den Schranken, die dem Recht „immanent" sein sollen[106], kommt er zu dem Ergebnis, daß die Rechtsprechung abgeschlossene Geschäfte einfach zu „korrigieren" habe, indem sie fehlgestaltete Bestimmungen streiche oder auf „das rechte Maß herabsetzt"; kein Vertragspartner könne die Gelegenheit ausnützen, um vom Vertrage loszukommen, denn „sie durften und mußten beide von vornherein damit rechnen, daß der Vertrag nur in den Grenzen des Zulässigen wirksam ist" (und zwar von Anfang an)[107].

Dem muß entgegengestellt werden, daß aus dem Dargelegten ein Kontrahierungszwang geschlossen werden muß und auch bei einem eklatanten Fall des § 138 BGB stets das Zulässige zu gelten hätte, beides Ergebnisse, die nicht unbedenklich vertreten werden können.

---

[102] *Wieacker*, AöR Bd. 29/30, S. 22.
[103] a.a.O., S. 13, 14.
[104] *Esser*, JZ 1956/555 ff., 556.
[105] *Raiser*, Geschäftsbedingungen, S. 281.
[106] a.a.O., S. 282.
[107] a.a.O., S. 324, 325.

c) Die Ansicht von Baur

Wenn Baur[108] zwar grundsätzlich für eine allgemeine richterliche Mitausgestaltung des gesamten Rechtslebens ist, so spricht er sich doch entschieden gegen „jede ordnende und ausgleichende Funktion" des Richters in dessen traditionellem Aufgabenbereich aus. Mit dem Hinweis, es sei ihm nur die „Wahl zwischen Verurteilung und Klageabweisung eingeräumt", kehrt Baur zur strengen Dogmatik des frühen RG zurück[109].

d) Kritische Betrachtungen

Man würde zu weit gehen, würde man die Möglichkeit einer richterlichen Korrektur in irgendeiner Form von vornherein nur davon abhängig machen wollen, daß sie sich auf § 242 BGB stützt. In der Tat erweist sich, wie wir bisher gesehen haben, § 242 BGB als nicht geeignet zur Lösung von Fällen, wie wir sie im Auge haben. § 242 BGB ist vom Gesetzgeber zur Leistungsabwicklung geschaffen worden. So kann er auch dem Richter grundsätzlich nur zur Auslegung und Beurteilung von bereits rechtsgültig abgeschlossenen Rechtsgeschäften dienen[110].

Allerdings darf auch hierbei kein Mißbrauch getrieben werden.

So ist aber leider das RG in einigen seiner Entscheidungen weit über das Maß hinausgeschossen und hat bei Verträgen (meistens sogenannten Bierlieferungsverträgen), bevor es deren Gesamtcharakter auf einen Sittenverstoß hin prüfte, einzelne Klauseln im Wege der Auslegung nach § 242 BGB ausgeschaltet[111].

Im Schrifttum schlägt von allem Sebba[112] vor, um der Nichtigkeitsfolge aus § 138 BGB zu entgehen, die richterliche Kontrolle auf § 242 BGB zu stützen.

Auch der BGH[113] führt im Anschluß an das RG[114] aus, daß vor einer Untersuchung des Vertrages auf Sittenwidrigkeit geprüft werden soll, ob nicht bereits auf Grund von § 242 BGB die zeitliche Begrenzung (der Bierbezugspflicht) verlangt werden kann.

Es muß zugegeben werden, daß diese Lösung besonders im Hinblick auf Wettbewerbsverbote als elegant betrachtet werden könnte, wäre sie rechtlich haltbar. In einer grundsätzlichen, klärenden Entscheidung hat

---

[108] *Baur*, JZ 1957/193 ff., 194, 197.
[109] RG 86/397, 398 und RG 90/374, 375.
[110] So auch *Esser*, a.a.O., S. 557 und *Baur*, a.a.O., S. 194 Anm. 10.
[111] RG 87/335, 336 f.; RG 152/251, 254; RG DR 1941/1456, 1457.
[112] Bedeutung und Wirksamkeit autonomer Vertragsbedingungen, S. 16, 17.
[113] BGH MDR 1952/222.
[114] RG 52/251 ff.

IV. Lösungsmöglichkeit nach § 242 BGB

der BGH[115] aber bald gegen diese mißbräuchlichen Auslegungsmethoden mit § 242 BGB Stellung bezogen. Eine Vereinbarung, die weder gegen § 134 BGB noch gegen § 138 BGB verstößt, kann nicht in ihrem gerade *so* ausdrücklich geäußerten Inhalt geändert werden, da dies eben dem dargelegten Willen der Vertragsschließenden nicht mehr entspricht[116]. Auch widerspricht die restriktive Auslegung einzelner Klauseln auf Grund des § 242 BGB dem Grundsatz des RG, daß es auf die Beurteilung des gesamten Vertrages ankommt und nicht einzelne Klauseln vorher ausgeschaltet werden dürfen[117].

Zu der notwendigen Erkenntnis, daß überhaupt eine Korrektur durch den Richter möglich ist, hat § 242 BGB beigetragen, als die grundsätzliche Möglichkeit zuerst von § 242 BGB getragen worden war. Daß mittlerweile auch eine weitere Bestimmung des BGB, nämlich § 157 BGB als Rechtsgrundlage für eine ergänzende Vertragsauslegung, zur Schließung einer Vertragslücke dienen kann, ist heute feststehende Rechtsprechung geworden[118].

Nicht zuletzt spricht für eine richterliche Korrektur der Gedanke der Prozeßökonomie. Bei nichtigen Rechtsgeschäften werden in der Regel die „Trophäen des positivistischen Normativismus"[119], Bereicherungsgrundsätze oder Rücktrittsvorschriften herangezogen; sehr häufig wird sich der Richter dabei wiederum mit Streitigkeiten zu befassen haben. Jedoch ist zu beachten, daß um einer übertriebenen Prozeßökonomie willen nicht geltendes Recht außer acht gelassen werden darf.

4. Die Fürsorgepflicht

Während des BAG ursprünglich[120] noch die Beschränkung der Vertragsfreiheit bei Gratifikationsrückzahlungsklauseln allein innerhalb der Grenzen von §§ 134 und 138 BGB betont, fügt es später[121] noch zusätzlich die Fürsorgepflicht des Arbeitgebers hinzu. Nikisch[122] mißt diesem Umstand insofern Bedeutung bei, als die Fürsorgepflicht mehr Rücksichtnahme auf den Arbeitnehmer verlangt, als nur das, was zur Vermeidung der Nichtigkeit des Vorbehaltes[123] nach § 138 BGB zu beachten ist.

---

[115] BGH 9/273, 279.
[116] BGH a.a.O.
[117] RG JW 1938/2393 Nr. 1 und *Staudinger* I, § 138 Anm. 18 ff.
[118] BGH 9/273, 277, 278, BAG SAE 64/88, 90.
[119] *Wieacker*, AöR Bd. 29/30, S. 14.
[120] z. B. AP Nr. 15⁴ zu § 611 BGB Gratifikation.
[121] AP Nr. 22 und 23 zu § 611 BGB Gratifikation, jeweils bereits Leitsatz 2.
[122] Anm. zu AP Nr. 23 zu § 611 BGB Gratifikation und BB 1962/1332, 1334.
[123] *Nikisch* meint Vorbehalte bei Gratifikationen, doch ist der Problemkern für Wettbewerbsabreden der gleiche.

B. Lösungsversuche

Es ist daher notwendig, auf das Wesen der sogenannten Fürsorgepflicht, wie sie uns im Arbeitsrecht so häufig begegnet, näher einzugehen.

a) Das beiderseitige Treueverhältnis

Als Keimzelle für die Entwicklung des Begriffs einer Fürsorgepflicht ist § 618 BGB anzusehen[124]. Allerdings läßt sich daraus nur eine Fürsorgepflicht des Arbeitgebers gegenüber dem Arbeitnehmer ableiten.

Dies lehnt Dersch ab[125] und meint, die Ergebnisse, die sich mit der häufig etwas weit hergeholten Fürsorgepflicht gewinnen ließen, könnten viel besser aus einem „sozialrechtlichen Schutzprinzip" abgeleitet werden, das den „Charakter einer objektiven Rechtsnorm habe, und nicht als generelle Rechtsnorm für das Arbeitsrecht ausgesprochen sei, sondern soziologisch dem Arbeitsrecht immanent ist". Dieser Schutzcharakter sei dem Arbeitsrecht so „essentiell", daß vielmehr §§ 617—619 BGB Kodifikationen dieses allgemeinen Gedankens seien[126]. Auch Hueck[127] erkennt den allgemeinen Charakter des Arbeitnehmerschutzes im Arbeitsrecht an, weist aber zugleich auf die Achillesferse dieses Gedankens hin, indem er auf dessen Grenzen aufmerksam macht, die dort liegen, „wo das berechtigte Interesse des Arbeitgebers für das Funktionieren der gesamten Wirtschaft" von Bedeutung ist[128].

Richtigerweise wird man aber sagen können, daß, wie jedes Gemeinschaftsverhältnis, so auch das Arbeitsverhältnis, von einem beiderseitigen Treuegedanken getragen wird, der auf der Seite des Arbeitgebers „die besondere Gestalt der Fürsorgepflicht" annimmt[129].

Um eine Mißdeutung zu vermeiden, etwa dergestalt, daß der Treuepflicht des Arbeitgebers ein grundsätzlich anderer Charakter als der des Arbeitnehmers beigemessen wird, erscheint es zweckmäßig zu sein, von einer *Treue- und Fürsorgepflicht*[130] des Arbeitgebers zu sprechen, womit auch der von Dersch befürchteten Ausweitung des Fürsorgegedankens beim Arbeitgeber vorgebeugt ist. Ebenso wird man auf diese Weise den durchaus berechtigten Warnungen — hauptsächlich des BAG[131] — vor einer „Strapazierung" der Fürsorgepflicht des Arbeitgebers am besten gerecht werden.

---

[124] AP Nr. 2[1R/2R] zu § 611 BGB Gefährdungshaftung.
[125] *Dersch*, Festschrift für Herschel, 1955, S. 71 ff., 74.
[126] *Dersch*, RdA 1949/325 ff., 326.
[127] *Hueck-Nipperdey* I, S. 26.
[128] *Hueck*, a.a.O., S. 27.
[129] *Hueck*, a.a.O., S. 28 und *Nikisch*, BB 1962/1332, 1334.
[130] *Hueck-Nipperdey* I, S. 390.
[131] AP Nr. 16[4] zu § 620 BGB Befristeter Arbeitsvertrag; AP Nr. 2[2R] zu § 611 BGB Gefährdungshaftung; AP Nr. 10[1R] zu § 670 BGB; BAG SAE 1964/119, 120.

b) Die Zweifel Molitors

Zu weitgehend erscheint die Ansicht Molitors[132], der auf Grund des Beschlusses des gr. Senates des BAG vom 12. 10. 1960[133] daran zweifelt, ob der Begriff „Fürsorgepflicht des Arbeitgebers" überhaupt auf den Abschluß von rechtsgeschäftlichen Vereinbarungen — also auch Wettbewerbsverbote — zwischen Arbeitgeber und Arbeitnehmer anwendbar sei, da die Fürsorgepflicht doch in erster Linie auf die *Person* des Arbeitnehmers abgestellt ist.

c) § 242 BGB als Grundlage der beiderseitigen Treuepflicht

Molitor stellt seine Betrachtungen über die Fürsorgepflicht des Arbeitgebers noch zu stark auf § 618 BGB ab, der wohl an der Wiege der Treue- und Fürsorgepflicht des Arbeitgebers gestanden hat; unser Ausgangspunkt vom beiderseitigen Treuegedanken beim Arbeitsverhältnis hat seine Grundlage aber in § 242 BGB[134].

Aus dem beiderseitigen Treueverhältnis lassen sich nun ohne Schwierigkeiten Vor- und Nachpflichten begründen[135]. Da Wettbewerbsverbote häufig vor Beginn des Arbeitsverhältnisses vereinbart werden, würden sie nur schwerlich zu dem Fürsorgegedanken, wie er sich aus § 618 BGB ergibt, in Beziehung gebracht werden können, da dieser hauptsächlich auf die Beziehungen *während* des Arbeitsverhältnisses abstellt. Die Treuepflicht wirkt aber auch über das Gemeinschaftsverhältnis hinaus nach.

d) Das Verhältnis von Gratifikations- und Wettbewerbsabreden zu § 242 BGB

Im Ergebnis ist festzustellen, daß eine Abrede zwischen Arbeitgeber und Arbeitnehmer sowohl in der Gestalt einer Rückzahlungsklausel bei Gratifikationen als auch in der Gestalt eines Wettbewerbsverbotes eine vertragliche Ausformung des Treu- und Glaubengedankens ist[136].

Richtigerweise ist es folglich so, daß der Arbeitgeber die Treuepflicht seines Arbeitnehmers nicht überfordern darf, und er verstößt gegen seine

---

[132] Anm. zu BAG Urt. v. 10. 5. 1962 SAE 1962/181.
[133] = AP Nr. 16 zu § 620 BGB Befristeter Arbeitsvertrag.
[134] *Hueck-Nipperdey* I, S. 391 und 393 Anm. 6 a; *Nikisch* I, S. 496; BAG Urt. v. 22. 11. 1963 SAE 1964/119, 120.
[135] *Nikisch* I, S. 497.
[136] Für Rückzahlungsklauseln bei Gratifikation besonders *Herschel*, ArbuR 1961/32; *Trieschmann*, ArbuR 1962/137, 146; *Nikisch*, BB 1962/1332, 1334; im Ergebnis auch *Larenz*, Anm. SAE 1964/157, 159, 160.

eigene Treuepflicht, wenn er die Treuepflicht des Arbeitnehmers für seine Belange mißbraucht[137].

e) Die Meinung von Trieschmann und Kritik dazu

Trieschmann[138] will sogar so weit gehen, bei der Betrachtung von Abreden (Ausgangspunkt für Trieschmann sind Rückzahlungsvorbehalte bei Gratifikationen) § 242 BGB den Vorzug vor §§ 138, 139 BGB zu geben.

Es ist aber keineswegs so, daß § 242 BGB und § 138 BGB auf einer Wertungsskala liegen, daß etwa ein Verstoß gegen die guten Sitten, zugleich qualitätsmäßig also die größte Verfehlung gegen den Grundsatz von Treu und Glauben darstellt. Vielmehr liegen § 242 und § 138 BGB auf zwei verschiedenen Ebenen; die Begriffe schließen sich zwar nicht aus, sind jedoch in ihren Voraussetzungen und Folgen verschieden. § 242 BGB bietet für den Verletzten die Einwendung der exceptio doli an, die er geltend machen kann, während § 138 BGB von sich aus zur Nichtigkeitsfolge kommt.

So stehen der Auffassung Trieschmanns doch erhebliche Bedenken entgegen, da § 242 BGB für diese Aufgaben letztlich nicht geschaffen ist.

V. Lösungsmöglichkeit nach § 343 BGB

Im Gegensatz zu § 242 BGB, wo der Richter nur die Grenzen der Rechtsausübung feststellen, sie aber nicht selbständig festlegen kann, hat der Richter im Rahmen von § 343 BGB eine Möglichkeit, wirklich gestaltend zu wirken.

Während bei § 242 BGB auch Unangemessenes gelten kann, wenn es nicht gegen Treu und Glauben verstößt, so stellt § 343 BGB auf ein angemessenes Maß ab[139].

1. Die Meinung von Bötticher

Bötticher[140] sieht in § 343 BGB, und dort wiederum hauptsächlich in § 343 II BGB, wo die uneigentliche Vertragsstrafe geregelt ist, die ideale Grundlage schlechthin, um auch Abreden bezüglich überlanger Dauer zu korrigieren[141]. Bötticher sieht zu Recht, daß eine Lösung aus § 138 BGB

---

[137] So auch *Nikisch*, BB 1962/1332, 1334, indem er Herschel und Trieschmann (beide a.a.O.) zustimmt.
[138] a.a.O.
[139] *Palandt*, § 343 Anm. 1.
[140] SAE 1963 Anm. S. 7 ff., 8 und Anm. zu AP Nr. 29 zu Art. 12 GG und neuerdings Anm. SAE 1964/87, wo er seine Ansicht nachdrücklich bestätigt.
[141] Ausgangspunkt sind für *Bötticher* Abreden über Rückzahlungen von Gra-

allein, der nur die Alternative nichtig oder gültig zuläßt, nicht möglich ist. Eine richterliche Gestaltung, wie dies bei der Herabsetzung einer Vertragsstrafe möglich ist, sieht er für nötig an, um den Arbeitnehmer aus einer übermäßig langen zeitlichen Bindung zu lösen. Allerdings darf auch bei analoger Anwendung von § 343 BGB der Richter nur auf Antrag des Arbeitnehmers tätig werden, da es sich um eine Gestaltung des Richters und nicht um die Feststellung der Nichtigkeit etwa aus § 138 BGB handelt.

2. Kritik

Will man diesen Lösungsvorschlag bei Wettbewerbsverboten anwenden, so ist folgendes zu bedenken:

Bötticher selbst spricht nur von einer analogen Anwendung des § 343 BGB auf *zeitliche* Überlängen. Sicherlich sind Fälle denkbar, bei denen die übertriebene Bindung augenscheinlich auf der überlangen zeitlichen Dauer beruht. Doch wird es meistens der Fall sein, daß mehrere oder gar alle Begriffe (Zeit, Ort, Gegenstand, Karenzentschädigung) über das zulässige Maß hinausgehen. Es ist nicht zu vertreten, nun § 343 BGB, dessen analoge Anwendung selbst Bötticher nur für ein überlanges Zeitmaß verwenden will, auf alle obengenannten Begriffe auszudehnen[142]. Im Ergebnis käme es aber praktisch dazu, wenn man versucht, ein Wettbewerbsverbot stets so zu interpretieren, daß mit der zeitlichen Korrektur eine Wettbewerbsabrede dann tragbar ist.

Ein Beispiel soll dies verdeutlichen:

Ein Wettbewerbsverbot ist derart vereinbart, daß man einmal sagen kann: Bei dieser langen Dauer ist der große örtliche (oder gegenständliche) Geltungsbereich nicht gerechtfertigt. Zum anderen kann es aber auch heißen: Bei diesem weiten örtlichen Betätigungsverbot ist die Dauer zu lang.

Die Betrachtungsweise wird folglich vom gewünschten Ergebnis her bestimmt werden, was dogmatisch nicht zu vertreten ist.

Die Ansicht Böttichers ist grundsätzlich nur zu erwägen (selbst wenn man § 343 BGB analog auf alle in einem Wettbewerbsverbot enthaltenen

---

tifikationen und Ausbildungskosten; AP Nr. 29 zu Art. 12 GG, BAG Urt. v. 29. 6. 1962 1 AZR 343/61 SAE 1963/1 ff. und BAG Urt. v. 29. 6. 1962 1 AZR 350/61 SAE 1963/4 ff. Da es aber um das grundsätzliche Problem der Behandlung überlanger zeitlicher Bindung geht, gehören insofern auch Wettbewerbsverbote zu diesem Problemkreis.

[142] So schon ein sächsisches OLG (welches ist nicht feststellbar) Sächs. Archiv für Rechtspflege 1909/543, 544, das bei Wettbewerbsverboten § 343 BGB grundsätzlich ablehnt.

Begriffe anwenden will), wenn man wie Bötticher eine Drittwirkung zumindest des Art. 12 GG ablehnt[143].

Sehr häufig wird aber ein Verstoß gegen Art. 12 GG vorliegen oder § 138 BGB erfüllt sein. Bötticher will also dann etwas gestalten, was aber nicht mehr zu gestalten ist, denn § 343 BGB kommt bei Vorliegen von § 134 BGB oder § 138 BGB gar nicht mehr zur Anwendung[144].

Keine Bedenken bestehen hingegen, eine überhöhte Vertragsstrafenabrede, die einem Wettbewerbsverbot beigefügt ist, nach § 343 II BGB zu behandeln. Allerdings ist zu beachten, daß die Vertragsstrafenabrede hinfällig sein wird, wenn das Wettbewerbsverbot ungültig ist; insofern kommt § 344 BGB zur Anwendung, der auch für § 343 II BGB gilt[145].

VI. Lösungsversuch innerhalb §§ 74 ff. HGB

Bei den durch Gesetz geregelten Wettbewerbsverboten ergeben sich aus den einzelnen Vorschriften Möglichkeiten zur Korrektur; denn bei Folgen von Verstößen gegen Wettbewerbsabreden spricht das Gesetz neben Nichtigkeit auch von Unverbindlichkeit bzw. Verbindlichkeit.

1. Die Karenzentschädigung gemäß § 74 II HGB

Nach § 74 II HGB ist ein Wettbewerbsverbot „nur verbindlich", soweit die dort geforderte Karenzentschädigung zugesichert ist.

Fehlt die Karenzentschädigung ganz, dann ist die Abrede allerdings nichtig, dies folgt jedoch bereits aus § 74 I HGB, wo beim Mangel der schriftlichen Fixierung die Nichtigkeitsfolge vorgeschrieben ist[146, 147].

2. Die Bedingungen des § 74 a I Satz 2 HGB

§ 74 a I Satz 2 (ebenso wie Satz 1) spricht gleichfalls nur von Unverbindlichkeit. Die herrschende Lehre entnimmt daraus, daß nur das Übermaß unverbindlich, das Zulässige jedoch verbindlich sein soll. Lediglich über die Art, wie die Korrektur vonstatten gehen soll, besteht Uneinigkeit.

---

[143] SAE 1963 Anm. S. 7 ff., 9.
[144] BGB-RGRK I 2, § 343 Anm. 4.
[145] *Larenz* I, S. 289; RG 69/9, 12.
[146] *Baumbach-Duden*, §§ 74—74 c Anm. 2 F; *Würdinger* in RGRK I § 74 Anm. 7; *Hueck-Nipperdey* I, S. 253.
[147] Über die Möglichkeit des Handlungsgehilfen für den Fall, daß die Karenzentschädigung nicht das gesetzlich geforderte Maß erreicht, vgl. oben S. 8.

VI. Lösungsversuch innerhalb §§ 74 ff. HGB

Der Kommentar von Baumbach-Duden[148] meint, die Abgrenzung ergebe sich ipso iure, d. h. ohne Richterspruch; der Handlungsgehilfe handelt, wenn er das Übermaß mißachtet, rechtmäßig[149].

Dagegen wendet sich mit Recht Würdinger[150], indem er die Korrekturmöglichkeit nur in den Händen des Richters anerkennt[151]. Nur so ist es möglich, einer Rechtsunsicherheit aus dem Wege zu gehen, die Schlegelberger[152] an sich schon andeutet, als er einräumt, daß der Handlungsgehilfe auf eigene Gefahr handelt, wenn er sich über Teile des Wettbewerbsverbotes hinwegsetzt.

3. Das Interesse des Arbeitgebers gemäß § 74 a I Satz 1 HGB

Ist ein berechtigtes geschäftliches Interesse des Arbeitgebers überhaupt nicht vorhanden oder ist im Einzelfall die Abgrenzung eines "verbindlichen" Teiles nicht möglich, so ist das Wettbewerbsverbot dem ganzen Inhalt nach unverbindlich, im Ergebnis treten also die gleichen Folgen wie bei Nichtigkeit ein[153].

4. Die sich ergebenden Möglichkeiten für den Richter

Das Gericht hat also zwei Möglichkeiten: Es kann eine Wettbewerbsabrede in vollem Umfang für unverbindlich erklären, somit unterliegt der Handlungsgehilfe keiner Beschränkung, kann jedoch dann keine Entschädigung verlangen. Das Gericht kann aber auch ein Wettbewerbsverbot teilweise für unverbindlich erklären und hat dann im Urteil die Grenzen festzustellen und auszusprechen, wieweit die Unverbindlichkeit reicht[154].

Ist die vereinbarte Zeit für das Wettbewerbsverbot länger als zwei Jahre (§ 74 a I Satz 3 HGB), so ist das Wettbewerbsverbot deshalb nicht nichtig, es verliert vielmehr von selbst ohne Richterspruch nach zwei Jahren seine Gültigkeit[155] (mit Ausnahme beim Vorliegen von § 138 BGB, dazu anschließend unten). Wohl kann der Richter die Zeit verkürzen, wenn selbst zwei Jahre im Verhältnis zu Ort und Gegenstand zu lang erscheinen[156], nicht dagegen darf er die vereinbarte Entschädigung er-

---

[148] *Baumbach-Duden*, §§ 74—74 c Anm. 2 Eb.
[149] Ebenso *Schlegelberger* I, § 74 a Anm. 4 b und auch wohl *Grüll*, Konkurrenzklausel, S. 35.
[150] *Würdinger* in RGRK I § 74 a Vorbem. und Anm. 1 und 4.
[151] In diesem Sinne auch RG 77/399, 403 und *Hueck-Nipperdey* I, S. 254.
[152] *Schlegelberger* I, § 74 a Anm. 4 b.
[153] So auch *Grüll*, Konkurrenzklausel, S. 35.
[154] *Schlegelberger* I, § 74 a Anm. 4 c.
[155] RG 101/375, 379; *Würdinger* in RGRK I, § 74 a Anm. 5.
[156] *Würdinger* in RGRK I, § 74 Anm. 5.

höhen, um auf diese Weise die richtige Proportion zu den übrigen Bedingungen zu erhalten[157].

In § 74 III BGB ist ausdrücklich festgestellt, daß § 138 BGB unberührt bleibt. Ist § 138 BGB erfüllt, bleibt für eine richterliche Korrektur auf ein „verbindliches" Maß kein Raum mehr. So muß auch ein Wettbewerbsverbot, wenn es entgegen § 74a I Satz 3 HGB für unerhört lange Zeit vereinbart ist, und somit § 138 HGB erfüllt, nicht mehr von selbst seine Gültigkeit nach zwei Jahren verlieren, sondern es wird nichtig sein.

VII. Lösungsversuch innerhalb des § 133 f GewO

Die Bedeutung der soeben für §§ 74 ff. HGB gewonnenen Ergebnisse

§ 133 f I GewO besagt in etwa das gleiche wie § 74a I Satz 2 HGB. Auch § 133 f I GewO spricht von einer „Unverbindlichkeit"; daher ist hier eine richterliche Festsetzung auf das zulässige Maß möglich[158].

Das BAG[159] erklärte zwar das Wettbewerbsverbot, das § 133 f I GewO erfüllte, für unverbindlich, unterließ aber bewußt eine Feststellung bezüglich eines tragbaren Ausmaßes, da dazu ein Antrag gemäß § 253 II Ziff. 2 ZPO nötig ist, der nicht vorgelegen hat.

Dieser Entscheidung kommt besonders im Hinblick auf die richterlichen Festsetzungen nach §§ 74 ff. HGB große Bedeutung bei.

Selbst dann, wenn nicht ausdrücklich durch gesetzliche Bestimmung (wie in § 74a III BGB) auf § 138 BGB hingewiesen ist, gilt, daß § 138 BGB nicht durch § 133 f GewO ausgeschlossen ist[160].

Obgleich eine direkte oder analoge Anwendung der §§ 74 ff. HGB auf Wettbewerbsverbote mit technischen Angestellten im Sinne des § 133a GewO nicht möglich ist (wegen des Sonderregelcharakters der §§ 74 ff. HGB), so ist doch darauf zu achten, daß ein berechtigtes geschäftliches Interesse des Arbeitgebers gegeben sein muß[161] (gerade auch bezüglich § 138 BGB)[162], und vor allem ob und in welcher Höhe eine Karenzentschädigung vereinbart ist[163].

---

[157] *Schlegelberger* I, § 74a Anm. 4 c.
[158] So auch RG in Recht 1914 Beilage Nr. 2230; *Rohlfing-Kiskalt-Wolff*, § 133 f Anm. 5; *Fuhr-Stahlhacke* III, § 133 f GewO Anm. III 6.
[159] AP Nr. 8³ᴿ/⁴ zu § 133 f GewO (Fahrlehrerfall).
[160] RG in Recht 1914 Beilage Nr. 2230; *Rohlfing-Kiskalt-Wolff*, § 133 f Anm. 3 c.
[161] *Landmann-Rohmer* I, § 133 f Anm. 2; *Fuhr-Stahlhacke* III, Anm. I und III zu § 133 f GewO.
[162] In der Regel wird aber bereits Nichtigkeit nach § 134 BGB/Art. 12 GG vorliegen: Wenn der Arbeitgeber an der Einhaltung des Wettbewerbsverbotes keinerlei berechtigtes Interesse hat, folgt bereits aus allgemeinen Rechts-

VIII. Die „Vermutung" des 5. Senates BAG

Aus den bisher aufgezeigten Bestrebungen für eine annehmbare Lösung ist ersichtlich, daß es darum geht, einen Weg zu finden, der eine völlige Nichtigkeit der Abrede verhindern kann, und, soweit notwendig es erlaubt, die die Nichtigkeit auslösenden Teilstücke durch annehmbare zu ersetzen.

Wie wir gesehen haben[164], ist § 139 BGB zur Lösung nicht von vornherein gänzlich ungeeignet, mußte aber wegen seiner Nichtigkeitsvermutung (2. Halbsatz § 139 BGB) letztlich ausscheiden, zumal in der Regel die Beweispflicht den Arbeitnehmer[165] trifft.

1. Die Entwicklung aus § 139 BGB

Der 5. Senat des BAG hat eine Lösung entwickelt, in der er an § 139 BGB anknüpft, aber dessen Nichtigkeitsvermutung in das Gegenteil, nämlich in eine „Vermutung" der Gültigkeit umwandelt. Dem Senat liegen dabei Fälle unzulässig langer Rückzahlungsvorbehalte bei Gratifikationen oder Ausbildungskosten vor, bei denen er eine Vermutung dafür annimmt, daß der Arbeitgeber das Geld auch ohne[166] bzw. nur mit annehmbarer Vorbehaltsdauer[167] gewährt hätte, wenn er die Nichtigkeit der Rückzahlungsvereinbarung gekannt haben würde.

Während in den meisten Urteilen des 5. Senates die Entwicklung der „Vermutung" aus § 139 BGB insofern deutlich aufgezeigt wird, als stets auf § 139 BGB (eventuell auch § 140 BGB) hingewiesen wird[168], läßt der Senat in neueren Urteilen nur noch erkennen[169], daß er eine Vertragsergänzung mit Hilfe einer „Vermutung" vorgenommen hat.

---

grundsätzen, daß er die Befolgung der Abrede vom Arbeitnehmer nicht verlangen kann. Tut er dies dennoch, so schränkt er die Berufswahl des Arbeitnehmers ein, ohne daß dies sinnvoll und notwendig ist (*Fuhr-Stahlhacke* III, § 133 f GewO Anm. III).

[163] AP Nr. 3 zu § 133 f GewO Leitsatz 3 und AP Nr. 4 zu § 133 f GewO Leitsatz 2; im Ergebnis grundsätzlich *Fuhr-Stahlhacke* III, § 133 GewO Anm. I.

[164] Oben S. 36, 37.

[165] *Schmidt*, Betr. 1961/1355, 1357.

[166] So noch AP Nr. 22⁴ zu § 611 BGB Gratifikation.

[167] So AP Nr. 24³ und 25² zu § 611 BGB Gratifikation; AP Nr. 1³R zu § 611 BGB Urlaub und Gratifikation; AP Nr. 27²⁺²R zu § 611 BGB Gratifikation.

[168] AP Nr. 22⁴, 23, 24³, 25² zu § 611 BGB Gratifikation; Andeutung auf § 139 BGB bereits in AP Nr. 20³ zu § 611 BGB Gratifikation.

[169] AP Nr. 29⁴ zu Art. 12 GG; AP Nr. 1³R zu § 611 BGB Urlaub und Gratifikation und bereits Leitsatz 4; AP Nr. 27²⁺²R zu § 611 BGB Gratifikation; in AP Nr. 28²R⁺³ zu § 611 BGB Gratifikation verweist der Senat nur noch auf frühere Entscheidungen, um Wiederholungen zu vermeiden.

2. Vorbehalte des Schrifttums

Diese Lösungsmöglichkeit des 5. Senates BAG ist im Schrifttum nicht kritiklos hingenommen worden.

a) Die Kritik von Molitor

Molitor[170] greift zunächst den Ausgangspunkt des Senates, nämlich § 139 BGB, für sich allein auf und kommt insoweit folgerichtig zu dem Ergebnis, daß danach zumeist Nichtigkeit vorliegen wird, ein Ergebnis, das er als „paradox" bezeichnet, als es dem Schutz des Arbeitnehmers gerade zuwiderläuft, weil er eine Leistung des Arbeitgebers diesem nach Bereicherungsgrundsätzen dann zurückgeben muß.

b) Die Kritik von Isele

Die „Vermutung" des 5. Senates BAG, mit der gerade das von Molitor befürchtete Ergebnis vermieden werden soll, hält Isele für überflüssig und als „Präsumtion" und „gewagte Hypothese" für unnötig[171], da vielmehr von selbst an Stelle einer unzulässig langen Dauer die rechtlich akzeptable Vorbehaltszeit der Rückzahlung trete[172]. Als Begründung führt Isele an, daß der „Hungerlohn" automatisch durch den üblichen Lohn ersetzt (§ 612 II BGB) und für die tarifwidrige Parteiabrede einfach die Tarifnorm gesetzt wird[173], um nicht den Schutz des Arbeitnehmers in sein Gegenteil zu verkehren[174].

Dem ist entgegenzuhalten: Mit dem üblichen Lohn nach § 612 II BGB und der Tarifnorm stehen bereits Kriterien fest, die jeweils nur unterschritten sind. Bei Wettbewerbsverboten oder Gratifikationsklauseln fehlen aber gerade gesetzliche Bestimmungen.

3. Zustimmung in Schrifttum und Rechtsprechung

Für die Konstruktion im Sinne einer „Vermutung", wie sie der 5. Senat BAG zugrunde legt, spricht sich Hueck[175] aus.

---

[170] SAE 1962/180, 181 Anm. zu BAG Urt. v. 10. 5. 1962 5 AZR 452/61 = AP Nr. 22 zu § 611 BGB Gratifikation.
[171] Isele, SAE 1963/93, 94 Anm. zu BAG Urt. v. 12. 12. 1962 5 AZR 324/62 = AP Nr. 25 zu § 611 BGB Gratifikation.
[172] So auch Nikisch, Anm. zu AP Nr. 23 zu § 611 BGB Gratifikation.
[173] Nikisch I, S. 192 und BB 1962/1332, 1335; Dersch, Anm. zu AP Nr. 1 zu § 611 BGB Doppelarbeitsverhältnis; Staudinger II, 3 § 611 Anm. 100, 96, 97, 99; Hueck-Nipperdey I, S. 186.
[174] Isele, schon in Anm. SAE 1960/178, 179.
[175] Hueck, Anm. zu AP Nr. 28 zu Art. 12 GG.

Auch der 2. Senat BAG[176] kommt zu dem eben entwickelten Ergebnis und läßt ein Wettbewerbsverbot von überlanger Dauer nicht nach § 138 BGB nichtig sein; es „verkürzt" sich vielmehr auf die tragbare und angemessene Zeit[177].

IX. Die „verfassungskonforme Auslegung" des 1. Senates BAG

Auch der 1. Senat des BAG suchte ähnlich wie der 5. Senat nach einer Lösung. Während der 5. Senat bei seinen Untersuchungen hauptsächlich § 138 BGB im Auge hatte, legte der 1. Senat das Schwergewicht seiner Prüfungen auf Verstöße gegen ein Grundrecht. Der 5. Senat hatte es mit der Nichtigkeit aus § 138 BGB zu tun, der 1. Senat mit der Nichtigkeitsfolge aus § 134 BGB.

In dem Bestreben, eine völlige Nichtigkeit zu vermeiden, schlägt der 1. Senat vor, eine Regelung, die ein Grundrecht verletzt, „nach dem Willen verfassungstreuer Parteien verfassungsgemäß" auszulegen[178].

1. Ebenfalls Entwicklung aus § 139 BGB

Ausgangspunkt war auch hier § 139 BGB; dies zeigen die Urteile AP Nr. 4⁶/⁷ und 6³ zu Art. 3 GG. Der Senat versuchte noch ausschließlich mit § 139 BGB auszukommen, wenn man auch schon erkennen kann, daß ihm § 139 BGB bereits zu eng erschien und er sich sehr bemühte, die präsumtive Nichtigkeitsfolge des § 139 BGB so lange wie möglich hinauszuschieben[179]. Bereits in AP Nr. 7⁶ zu Art. 3 GG kehrte der Senat, ähnlich wie der 5. Senat, praktisch die Vermutung der Nichtigkeit des § 139 BGB dahingehend um, daß ein verfassungstreues Verhalten angenommen werden kann, wenn dem Verletzer ein Verstoß bewußt gewesen wäre, unter Umständen sogar angenommen werden muß, wenn es sich um Hoheitsträger oder Länder der Bundesrepublik Deutschland handelt[180]. In der Folge setzte der Senat in ständiger Rechtsprechung[181] seine Auffassung fort, daß bei Kenntnis der Nichtigkeit die Parteien eine bestimmte Regelung gleichwohl abgeschlossen hätten, und zwar ohne ein Grundrecht zu verletzen[182] Der Senat begnügte sich aber nicht damit, mit Hilfe seiner

---

[176] AP Nr. 7³ zu Art. 12 GG.
[177] Im Ergebnis auch *Herschel*, Arbeitsrecht, S. 84, wenn er an Stelle von unwirksamen Abreden, die der Billigkeit entsprechende Regelung setzen will.
[178] 1. Senat BAG AP Nr. 77² zu Art. 3 GG.
[179] Besonders in AP Nr. 4⁶/⁷ zu Art. 3 GG.
[180] Auch AP Nr. 1⁶ zu Art. 6 I Ehe und Familie.
[181] In sogenannten Frauenlohnurteilen, AP Nr. 16⁹, 17³ und 18³ zu Art. 3 GG.
[182] Die Interpretation eines *Gesetzes* auf der Grundlage einer verfassungskonformen Auslegung bezeichnete das BuverfGer bereits in seinem Beschluß

„verfasungskonformen Auslegung" nur eine völlige Nichtigkeit zu vermeiden, d. h. obwohl ein Bestandteil des Ganzen nichtig ist, das übrige zu erhalten, sondern kommt mit Hilfe seiner grundgesetztreuen Interpretation dazu, selbst die nichtigen Teile durch rechtsgültige Teile zu ersetzen. Diese richterliche Lückenausfüllung im Falle einer partiellen Nichtigkeit hat aber stets den Parteiwillen zur Richtschnur, und zwar so, wie er sich geäußert hätte, wenn die Parteien von der Ungültigkeit Kenntnis gehabt hätten, wobei die Berücksichtigung verfassungsrechtlicher Normen zu unterstellen ist[183].

Auch AP Nr. 69 zu Art. 3 GG weicht nicht von der Praxis einer „verfassungsgemäßen Auslegung" ab, auch wenn davon[184] nicht ausdrücklich die Rede ist und nur auf § 139 BGB hingewiesen wird. Aus der Art, wie der Senat dort § 139 BGB anwenden will, vor allem aber aus dem Datum des Urteils — es liegt zeitlich zwischen AP Nr. 68 und 70 zu Art. 3 GG — kann entnommen werden, daß der Senat von seiner ständigen Rechtsprechung keine Ausnahme machen wollte.

Im Prinzip unterscheiden sich die Lösungsvorschläge des 5. und 1. Senates kaum voneinander. Beide gehen von § 139 BGB aus, und auch der 1. Senat spricht wie der 5. Senat eine dem strengen Wortlaut des § 139 BGB entgegengesetzte Vermutung aus; denn auch der 1. Senat vermutet, daß die Parteien bei Kenntnis der Nichtigekit so abgeschlossen hätten, daß kein Grund zur Beanstandung vorliegen würde.

2. Die Behandlung der „Vermutung" des § 139 BGB

Sowohl der 5. als auch der 1. Senat gehen vom Parteiwillen aus.

Bei § 139 BGB kommt es aber weniger auf den rein subjektiven Willen an, sondern mehr auf „die aus den gesamten Umständen zu entnehmende Abwägung der im Vertrag gestalteten Interessen"[185]. Wenn nun der 5. Senat als objektiven Bestandteil des Parteiwillens ein sittlich sauberes Element voraussetzt und der 1. Senat von einer verfassungstreuen Einstellung der Parteien ausgeht, so handelt es sich lediglich um Formen, den Parteiwillen gemäß der ratio des § 139 BGB zu objektivieren. Es muß zugegeben werden, daß diese ausgeprägte Betonung des objektiven Gehaltes des Vertragswillens bei Anwendung des § 139 BGB im *bürgerlichen Recht* nach herkömmlicher Anschauung nicht unbedenklich hingenommen werden kann.

---

v. 7. 5. 1953 = BuverfGE 2/266, 282 „schon als allgemein geltenden Grundsatz". Dieser Ansicht hat sich auch das BSG = Urt. v. 19. 12. 1957 NJW 1958/1252 angeschlossen.

[183] AP Nr. 68² zu Art 3 GG, vor allem aber AP Nr. 70² zu Art. 3 GG.
[184] AP Nr. 69⁴ zu Art. 3 GG.
[185] *Erman* I, § 139 Anm. 6.

Da es aber in Deutschland kein speziell kodifiziertes *Arbeitsrecht* gibt, sondern Bestimmungen aus verschiedenen Gesetzen die Entwicklung des Arbeitsrechtes zu einem selbständigen Rechtsgebiet eingeleitet haben[186], müssen sich andererseits Vorschriften, auf die das mittlerweile fortentwickelte Arbeitsrecht zur weiteren Ausgestaltung zurückgreift, eine Anpassung an den jeweiligen Grad der Entwicklung des Arbeitsrechts gefallen lassen.

Starres Festhalten am Wortlaut und an der für das BGB gedachten Bedeutung von § 139 BGB wäre hier ungerechtfertigter Formalismus[187].

X. Lösungsversuch

Für Wettbewerbsverbote bedeutet die Lösung des 1. Senates eine Möglichkeit, Abreden, die gegen Art. 12 I GG verstoßen und somit nichtig sein würden, in gültigem Umfang aufrechtzuerhalten.

1. Die Bedeutung des arbeitsrechtlichen Schutzgedankens für den Arbeitnehmer bei Wettbewerbsabreden

Bei Wettbewerbsabreden ist es nicht notwendig, wegen des Schutzgedankens für den Arbeitnehmer die Nichtigkeit zu vermeiden. Der Hinweis auf den arbeitsrechtlichen Schutzgedanken mag bei unzulässigen Rückzahlungsvorbehalten bei Gratifikationen seine Berechtigung haben, da bei Nichtigkeit der gesamten Gratifikationsabrede der Arbeitnehmer der verdrehten Situation gegenüberstände, die Gratifikation nach den Grundsätzen der ungerechtfertigten Bereicherung herauszugeben, der Arbeitgeber also risikolos unhaltbare Bedingungen an eine Gratifikation knüpfen könnte.

Bei einem nichtigen Wettbewerbsverbot dagegen braucht der Arbeitnehmer nicht geschützt zu werden, da er dann an ein Wettbewerbsverbot nicht gebunden ist. Der Hinweis, daß eventuell der Arbeitnehmer um eine besonders hohe Karenzentschädigung gebracht würde, kann nicht mehr von dem arbeitsrechtlichen Schutzgedanken für den Arbeitnehmer umfaßt werden, da dies jedes Berufsethos beseitigen und einem rein materiellen Opportunismus Vorschub leisten würde, der schwerlich mit den in Art. 12 I GG verankerten hohen Vorstellungen vom Wert freier menschlicher Arbeit in Einklang stünde.

---

[186] Bereits Vorwort zu *Hueck-Nipperdey* I, 1. Aufl. von 1927.

[187] Im Ergebnis auch *Hunn*, ArbuR 1953/260, 263; auf dieser Ebene auch *Frey*, ArbuR 1953/167 ff., 171, indem er §§ 119, 123 BGB auf Arbeitsverhältnisse für unanwendbar hält.

In der Folge handelt es sich also in erster Linie darum, dem an sich rechts- und verfassungstreuen Arbeitgeber die Unbilligkeit einer nichtigen Wettbewerbsabrede zu ersparen.

Erst in zweiter Linie gilt es, hier die Folgen der Nichtigkeit einem Rechtsgebiet wie dem Arbeitsrecht fernzuhalten, das sich lebendig, den Bedürfnissen der Zeit entsprechend, ständig weiterentwickelt.

2. Die Bedeutung der Anwendung beider Lösungsmöglichkeiten des BAG

Nicht nur die verfassungstreue Interpretation des 1. Senates kann als geglückte Lösungsmöglichkeit betrachtet werden. Vielmehr bilden sowohl diese Möglichkeit, als auch die „Vermutung" des 5. Senates *zusammen* eine geeignete Grundlage, um zu guten Ergebnissen zu kommen.

a) Die gemeinsame ergänzende Anwendung

Beide Lösungsmöglichkeiten bauen auf § 139 BGB auf, nur unterscheiden sie sich darin, daß der 1. Senat eine Verletzung des Grundgesetzes und der 5. Senat einen Verstoß gegen die guten Sitten zu behandeln haben. Da ein Wettbewerbsverbot aber auch gegen § 138 BGB verstoßen kann, ermöglicht die Anwendung beider Lösungsformen eine umfassende Behandlung von unzulässigen Wettbewerbsverboten.

§ 138 BGB und Art. 12 I GG unterscheiden sich hauptsächlich dadurch, daß § 138 BGB zusätzlich auf das subjektive Element der Verwerflichkeit des Handelns abstellt, während für Art. 12 I GG ein objektiver Tatbestand genügt[188].

Es sind Wettbewerbsverbote denkbar, die bereits rein äußerlich durch ihre übertriebenen Ausweitungen in zeitlicher, örtlicher oder gegenständlicher Hinsicht so maßlos sind, daß sie bereits gegen Art. 12 I GG verstoßen, ohne daß es noch auf ein sittenwidriges Element ankommt. Sehr oft wird zudem Sittenwidrigkeit in derartigen Fällen vorliegen, da diese häufig aus den (objektiven) Übertreibungen indiziert werden kann, doch kommt es in derartigen Fällen gar nicht mehr darauf an, ob § 138 BGB erfüllt ist oder nicht, wenn bereits gegen Art. 12 I GG verstoßen ist.

Da es für Art. 12 I GG lediglich auf das Ausmaß der Beschränkung des Arbeitnehmers ankommt, ist auch der Gefahr begegnet, daß nicht gezwungenermaßen mißbräuchlich auf Sittenwidrigkeit aus dem Übermaß geschlossen werden muß, um überhaupt eine Sanktion der übertriebenen Abrede herbeiführen zu können. Es handelt sich also um eine Korrektur nach objektiven Maßstäben. Es kann folglich eine „Verfeine-

---

[188] AP Nr. 1¹ zu Art. 6 I GG Ehe und Familie.

rung und Spezialisierung" des gesamten Tatbestandes erzielt werden und es öffnet sich der Weg, um „zum wirklich Wesentlichen vorzustoßen"[189].

Andererseits gibt es Fälle, bei denen die zu beanstandenden Übertreibungen eines Wettbewerbsverbotes nicht so erheblich sind, daß sie gegen Art. 12 I GG verstoßen, sondern nur in Verbindung mit dem, was der ganzen Abrede den „Stempel der Sittenwidrigkeit"[190] aufdrückt, § 138 BGB erfüllen.

Somit ist auch folgender Fall anzuführen, daß ein Wettbewerbsverbot gleichzeitig gegen Art. 12 I GG verstößt und § 138 BGB erfüllt. Wie soeben ausgesprochen, kommt es dann, wenn Art. 12 I GG verletzt ist, auf einen Verstoß gegen die guten Sitten nicht mehr an, da bereits über § 134 BGB die Folge der Nichtigkeit einzutreten droht. Versucht man nun im Wege der „verfassungskonformen Auslegung" eine Heilung herbeizuführen, indem man das Übermaß mit Art. 12 I GG in Einklang bringt, so besteht die Möglichkeit, daß der verbliebene Rest immer noch in Verbindung mit dem subjektiv verwerflichen Element § 138 BGB erfüllt.

Hier empfiehlt sich eine stufenweise Lösung dergestalt, daß zunächst die Wettbewerbsabrede mit Art. 12 I GG in Einklang gebracht und dann gemäß der „Vermutung" des 5. Senates versucht wird, die Abrede in die Grenzen der guten Sitten einzufügen.

Eine Vermengung beider Lösungsmöglichkeiten insofern, daß sogleich mit einem Male eine Rückführung auf ein annehmbares Maß zu versuchen ist (das dann sowohl Art. 12 I GG genügt, als auch § 138 BGB nicht erfüllt), erscheint nicht ratsam, da es auf diese Weise schwerer ist, das Maß zu erreichen, daß die Parteien präsumtiv vereinbart hätten, als bei einer stufenweisen Korrektur.

Zusamenfassend läßt sich sagen: Mit Hilfe beider Lösungsformen lassen sich alle Modalitäten von unbilligen Wettbewerbsverboten klar trennen und behandeln. Es können sowohl Wettbewerbsverbote mit nur ganz geringer Ausweitung, aber zusätzlichem sittenwidrigen Gehalt, als auch maßlos übertriebene ohne diesen Gehalt erfaßt werden[191].

b) Die Notwendigkeit der Teilbarkeit einer Abrede

Da beide Lösungsmöglichkeiten auf § 139 BGB aufbauen, ist daran festzuhalten, daß eine Teilbarkeit der Abreden gegeben sein muß. Es ist folg-

---

[189] *Nipperdey*, Grundrechte II, S. 1 ff., 35, 36.
[190] RG JW 1921/1528.
[191] Auch die gesetzlich geregelten Wettbewerbsverbote (§§ 74 ff. HGB, 133 f GewO) erfahren keine grundsätzlich andere Behandlung. Wenn die Vorschriften davon sprechen, daß bei einem Überschreiten der zulässigen Grenzen die Abrede insoweit unverbindlich ist, so kann der Richter eine Korrektur auf das zulässige Maß herbeiführen; vgl. im einzelnen oben S. 49, 50.

lich innerhalb der Konkurrenzklauseln hinsichtlich dieser Teilbarkeit zu differenzieren.

Einmal gibt es Wettbewerbsverbote, bei denen schon jeder Begriff (Zeit, Ort und Gegenstand) für sich allein betrachtet, gegen Art. 12 I GG verstößt; eine Kompensation mit einem besonders gering belasteten Begriff scheidet also aus. Zum anderen lassen sich Abreden denken, bei denen wohl bei Gesamtbetrachtung aller drei Bedingungen ein Verstoß gegen Art. 12 I GG zu sehen ist, aber lediglich eine der Bedingungen — entweder die Dauer oder die örtliche oder gegenständliche Abgrenzung — derart übertrieben wurde, daß es diesen Verstoß begründet. Das Übergewicht ist in diesem Fall also so groß, daß die beiden tragbaren Begriffe (die für sich allein betrachtet zwar mit Art. 12 I GG in Einklang stünden, aber doch nicht ausgleichend genug gehalten sind) die Überforderung des anderen nicht mehr auffangen können.

Nur in diesem Fall ist eine Teilbarkeit in einen gültigen und ungültigen Teil möglich, wobei es im Einzelfall durchaus denkbar ist, daß zwei Bedingungen den Verstoß gegen Art. 12 I GG begründen, während nur eine innerhalb der Grenzen des Art. 12 I GG verbleibt. Welcher Teil bzw. welche Teile der Abrede als untragbar angesehen werden, ergibt sich für das Gericht in der Regel aus den Anträgen nach §§ 253 II S. 2, 308 I S. 1 ZPO. Die Parteien haben „abgrenzbare Teile zu verdeutlichen". Gegebenenfalls hat sich das Gericht über § 139 ZPO Klarheit zu verschaffen[192]. Im anderen Fall, also einer dreifachen erheblichen Übertreibung, bleibt keine Möglichkeit, einen gültigen Begriff abgrenzen zu können. In diesem Fall tritt als Folge Nichtigkeit ein[193].

c) Die Grenzen der Anwendung

Dieses Ergebnis rechtfertigt sich damit, daß in diesem Fall auch kein Raum für eine Vermutung des positiven Parteiwillens bleiben wird. Ist wenigstens einer der Begriffe Zeit, Ort oder Gegenstand nicht zu beanstanden, so kann daran als Ausgangspunkt die Vermutung der Redlichkeit oder des verfassungsgemäßen Handelns geknüpft werden. Man kann dann sagen, hätte ein Arbeitgeber die Unzulässigkeit seiner Forderungen bezüglich des zu beanstandenden Teils gekannt, so hätte er diesen, wie er es im rechtlich zulässigen Teil bereits getan hat, annehmbar gestaltet.

Wenn folglich kein Anhaltspunkt für eine rechtstreue Gesinnung des Arbeitgebers zu finden ist, ergibt sich auch kein Grund, die Nichtigkeit einer Wettbewerbsabrede vermeiden zu wollen.

---

[192] BAG AP Nr. 84+4R zu § 133 f GewO; *Fuhr-Stahlhacke* III, § 133 f GewO Anm. III 6.
[193] § 134 BGB/Art. 12 I GG oder § 138 BGB.

X. Lösungsversuch

Das berechtigte Streben im Arbeitsrecht, völlige Nichtigkeit nach Möglichkeit zu vermeiden, darf nicht dazu führen, die Folge der Nichtigkeit, die die Rechtsordnung für eine unannehmbare Gestaltung von Rechtsgeschäften anordnet, um jeden Preis zu vermeiden[194]. Mißachtet jemand die Rechtsordnung in untragbarer Weise, so hat er keinen Anspruch darauf, sich seinerseits auf die Rechtsordnung zu berufen, um zu verhindern, daß ihm Nachteile durch Sanktionen entstehen, die das Gesetz bei unredlichem Verhalten vorschreibt.

Dieser Gedanke in der Form des § 817 Satz 2 BGB ist bereits in der neueren Rechtsprechung des BAG und im Schrifttum angeklungen[195].

Das Bemühen, die rückwärtsgerichtete Abwicklung nichtiger Rechtsverhältnisse zu vermeiden, hat seinen Grund darin, die Rechtssicherheit zu fördern, da Rechtsverhältnisse des Erwerbslebens in einem Netz mannigfaltiger weiterer Rechtsbeziehungen verknüpft sind[196]. Um dieser Rechtssicherheit willen müssen aber Rechtsgeschäfte, die *jeglicher* Gesetzmäßigkeit und Redlichkeit entbehren, mit der Wurzel aus dem Rechtsleben entfernt werden, da sie nach dem Gesetz vom unzureichenden Grund selbst nur fortwährend Böses gebären können.

3. Das Verhältnis einer nichtigen Wettbewerbsabrede zum Arbeitsvertrag

Ist eine Wettbewerbsabrede unrettbar nichtig, so bedarf noch der Klärung, wie sich dies auf den Bestand des Arbeitsvertrages auswirkt.

Nach § 139 BGB wäre in der Regel auch Nichtigkeit des ganzen Arbeitsvertrages anzunehmen, da es dem Arbeitgeber gerade auf seine Absicherung durch das Wettbewerbsverbot ankommen wird. Das wäre aber ein Pyrrhussieg für den Arbeitnehmer: Der Schutzgedanke der Bestimmungen der §§ 74 ff. HGB beziehungsweise des § 138 BGB für die übrigen Wettbewerbsabreden würde dann gerade in sein Gegenteil verkehrt werden; nicht zuletzt würde er aus Furcht vor dieser Schlechterstellung auf die Geltendmachung seiner Rechte verzichten. Die Anwendung von § 139 BGB scheidet daher hier aus[197].

Einer der ersten Vertreter dieser inzwischen herrschend gewordenen Meinung war Nipperdey[198]. Ausgehend vom Arbeiterschutzrecht lehnte er bei Nichtigkeit von einzelnen Abmachungen ein Übergreifen dieser

---

[194] So auch *Esser*, JZ 1956/555 ff., 557.
[195] AP Nr. 28²ᴿ zu Art. 12 I GG; Anm. *Larenz*, SAE 1964/159, 160.
[196] So auch schon *Ritter* 1902! DJZ 1902/349 ff., 353, wenn er sagt, daß die „rücksichtslose Nichtigkeit das Vertrauen in Handel und Wandel untergräbt".
[197] BAG AP Nr. 7³ zu § 1 KSchG; RG 146/116, *119; Staub* I, § 74 HGB Anm. 16.
[198] *Nipperdey*, Festgabe für Reichsgericht, Bd. IV, S. 203 ff., *212*.

Nichtigkeit auf den ganzen Arbeitsvertrag ab und ließ es im Gegensatz zu § 139 BGB bei einer Teilnichtigkeit bewenden.

Die Abkehr von § 139 BGB im Hinblick auf den Arbeitsvertrag war bereits durch § 8 des Entwurfs zum Allgemeinen Arbeitsvertragsgesetzes von 1923[199] eingeleitet worden, auf den sich auch Nipperdey[200] bezieht. Der Arbeitsvertrag bleibt also trotz Nichtigkeit der Abrede bestehen.

Eine interessante Begründung dieses Ergebnisses, die leider zu deutlich zeigt, mit welchen Kunstgriffen die Eigenständigkeit des Arbeitsrechts wegen der vielfältigen Standorte seiner Bestimmungen durchgesetzt werden muß, bringt Staub[201]. Staub greift auf Art. 2 EGHGB zurück, der § 139 1. Halbsatz BGB von der ersatzweisen Anwendung ausschließt, da der Schutz des Arbeitnehmers auch Gegenstand des BGB sei und somit nach Art. 2 EGHGB „im HGB ein anderes bestimmt ist".

So einleuchtend diese Begründung auch ist, gilt sie doch streng genommen nur für die Handlungsgehilfen des HGB, da die §§ 74 ff. HGB als Sonderregeln auf diese beschränkt bleiben.

4. Wertender Rückblick auf die Ergebnisse früher Lösungsgedanken

Schon früh wurden im Schrifttum Lösungsmöglichkeiten versucht, die in ihrer Gedankenführung modern anmuten und schon recht nahe an die heute möglichen und soeben aufgezeigten Lösungsformen herankommen, wenn auch die Konstruktion ihrer Begründungen nicht immer bedenkenfrei hingenommen werden konnte.

So spricht v. Tuhr im Ergebnis einen Lösungsvorschlag auf dem Boden der absoluten Wirkung des Art. 12 I GG aus, wenn er erkennt, daß eine übermäßige Bindung bei Wettbewerbsverboten „eine nicht sowohl als unsittlich empfundene, als vielmehr eine aus sozialen und ökonomischen Gründen nicht zu duldende Erscheinung des Wirtschaftslebens" ist[202]. Darüber hinaus erkennt er, daß § 138 BGB allein nur zu unbefriedigenden Lösungen führen kann und stellt ausdrücklich in bezug auf Wettbewerbsverbote heraus, daß eine übermäßige Bindung auf das zulässige Maß herabzusetzen ist[203].

---

[199] Abgedruckt in RArbBl 1923/498 ff. und 28. Sonderheft zum RArbBl 1923; der Wortlaut von § 8 auf S. 67 wiedergegeben.
[200] a.a.O.
[201] *Staub* I, Anhang zu § 62 HGB Anm. 1 und Einleitung Anm. 5 und 18.
[202] *V. Tuhr* II, 2, S. 38, bereits im Jahre 1918.
[203] a.a.O., S. 39.

X. Lösungsversuch

Auch die Bestrebungen Ecksteins[204], zwischen qualitativer und quantitativer Unsittlichkeit zu unterscheiden, lassen erkennen, wie notwendig eine Lösungsmöglichkeit nach objektiven Maßstäben[205] ist.

Nicht zuletzt weist bereits Nipperdey[206] mit seiner Unterscheidung von äußerer und innerer Vertragstreue den Weg zu der Vermutung eines redlichen, gesetzestreuen Denkens, wie sie der 1. und 5. Senat BAG entwickelt haben.

Nipperdey setzt aber noch einen frühen Markstein auf diesen Weg, wenn er bei Teilnichtigkeit eines Vertrages (also entgegen der Richtung des § 139 BGB) die entstandenen Lücken durch gesetzliche Bestimmungen ausfüllt. Daraus ist zu entnehmen, daß für den Fall, daß das Gesetz schweigt, auf den mutmaßlichen Parteiwillen abzustellen ist, zumal Nipperdey seine Ansicht auf § 8 des Entwurfs eines Allgemeinen Arbeitsvertragsgesetzes stützt[207].

---

[204] ArchBürgR Bd. 41/178 ff., 202, 225 aus dem Jahre 1915.
[205] Wie dies dann auch das BAG 1. Senat, AP Nr. 25⁴ und 26² zu Art. 12 GG herausstellte.
[206] *Nipperdey*, Vertragstreue, S. 22, aus dem Jahre 1921!
[207] *Nipperdey*, in Festgabe für Reichsgericht IV, S. 203 ff., *212*.

C. Die Bestätigung der entwickelten Lösung

Verschiedentlich wurden zu hier in Frage stehenden Problemen Vorschläge gemacht, die den dargestellten begangenen Weg des Lösungsvorschlages in mehr oder weniger langen Teilstrecken rechtfertigen. Diese Bestärkung kann sowohl aus Ergebnissen abgeleitet werden, die sich aus der Beschäftigung mit Wettbewerbsverboten ergaben, als auch aus Elementen einer Gegenmeinung, wenn damit die Weichen für ein anderes Resultat gestellt wurden.

I. Bestätigung durch den Vorschlag Söllners (§ 315 BGB) als Rechtfertigung aus der Entwicklung einer Gegenmeinung

Eine Bestätigung für die hier entwickelte Lösungsmöglichkeit findet sich im neuesten Schrifttum bei Söllner[1]. Dort wird zur Korrektur einseitiger Leistungsbestimmungen im Arbeitsrecht auf § 315 BGB — zumindest analog — zurückgegriffen[2]. Die Bestätigung ist nicht dergestalt, daß Söllner der Rechtsprechung des BAG folgt, im Gegenteil, er lehnt sie sogar ab[3]. Verfolgt man jedoch den Weg, den Söllner für seine Problemstellung zur Lösung einschlägt, so sind die dort angeführten Argumente auch geeignet, die hier aufgezeigte Lösung zu festigen.

Söllner scheidet für den von ihm verwendeten Begriff der Leistungsbestimmungsrechte[4] das auf dem Arbeitsverhältnis beruhende Direktions- und Weisungsrecht aus[5]. Die somit verbliebenen Gestaltungsmöglichkeiten des Arbeitsverhältnisses durch den Arbeitgeber, z. B. Zahlung von Prämien und Zulagen, Höher- und Rückgruppierung, Vergabe der Arbeit in Zeit- und Akkordlohn[6], seien nun im Falle untragbarer Wirkungen für den Arbeitnehmer gemäß § 315 III S. 2 BGB durch das Gericht nach billigem Ermessen zu behandeln.

Söllner stellt fest, daß die Macht des Arbeitgebers heutzutage der Macht der Staatsorgane ähnelt und folgert daraus, daß es ebenso wie im Ver-

---

[1] *Söllner*, Einseitige Leistungsbestimmung im Arbeitsverhältnis.
[2] *Söllner*, a.a.O., S. 126, 128.
[3] a.a.O., S. 58.
[4] z. B. a.a.O., S. 113.
[5] a.a.O., S. 121.
[6] a.a.O., S. 10 und 30.

waltungsrecht notwendig sei, das für den Arbeitnehmer „obrigkeitliche" Ermessen richterlich nachprüfen zu lassen[7]. Die naheliegende weitere Folgerung dieser Ausgangsbasis, nämlich zur unmittelbaren Wirkung der Grundrechte im Arbeitsrecht zu gelangen, zieht er dagegen nicht. Vielmehr lehnt er die absolute Grundrechtswirkung ab, weil über § 134 BGB als Folge nur Nichtigkeit eintreten könnte. Aber gerade das gelte es im Arbeitsrecht zu vermeiden, folglich sei § 315 III S. 2 BGB die einzig mögliche Grundlage für ein privatrechtsgestaltendes Urteil[8]. Söllner ist hier insoweit inkonsequent, als er einmal bei Verstößen gegen Grundrechte nur die Nichtigkeitsfolge aus § 134 gelten lassen will, andererseits bei Rechtsbeschneidungen des Arbeitnehmers durch „Anordnungen"[9] des Arbeitgebers aber rechtsgestaltend eingreifen will. Gerade diese richterliche Rechtsgestaltung soll doch die Aufgabe haben, die rechtlich nicht tragbaren Leistungsbestimmungen — also meist solche, die über § 138 BGB nichtig sein werden — zu retten, zumal konsequenterweise auch Grundrechtsverstöße über die „Einbruchsstelle" des § 138 BGB hier relevant werden.

Söllner will, daß der Richter „bewußt" rechtsgestaltend tätig werden und sich nicht auf „stillschweigende Parteivereinbarungen oder auf den hypothetischen Parteiwillen stützen" soll[10]. Dies ist eine Folge der (wenn auch analogen) Anwendung von § 315 BGB auf Tatbestände, die der Gesetzgeber nicht im Auge hatte, als er diese Bestimmungen geschaffen hat. „Billiges Ermessen" im Sinne von § 315 BGB kann dann auch in der Regel nicht einmal vom hypothetischen Parteiwillen abgeleitet werden, da bei § 315 BGB ein Parteiwille ja gerade als fehlend vorausgesetzt wird.

Gegen diese freie richterliche Tätigkeit müssen Bedenken vor allem insoweit geltend gemacht werden, als dann, wenn es auf den Parteiwillen überhaupt nicht mehr ankommen soll, die klassische Reihenfolge des Handlungsablaufs: Rechtsgeschäft der Parteien, sodann gegebenenfalls Nachprüfung durch das Gericht, umgedreht wird. Die Parteien würden dann ihre Abmachungen gar nicht mehr ernst nehmen, sondern sie nur als eine Art gerade noch nötiger Prozeßvoraussetzungen betrachten. Sie ließen das Gericht die materialrechtliche Lösung suchen und würden sie je nach Gefallen zu ihrer eigenen machen. Der Richter nähme dann nur noch die Funktion eines Notars wahr. In letzter Weiterentwicklung dieses Gedankens könnte es eigentlich auch nicht mehr zu Klageabweisungen kommen.

Wenn Söllner meint, daß der Arbeitnehmer bei der Leistungsbestimmung durch den Arbeitgeber ein subjektives Recht hat, von diesem nach

---

[7] a.a.O., S. 130, 131.
[8] a.a.O., S. 133.
[9] a.a.O., S .30.
[10] a.a.O., S. 124.

billigem Ermessen behandelt zu werden[11], so läuft dies im Ergebnis auf eine Verletzung der Fürsorgepflicht durch den Arbeitgeber hinaus. Da aber die Treue und Fürsorgepflicht auf § 242 BGB beruht[12], § 242 BGB aber zur richterlichen Korrektur nicht geeignet ist[13], ergibt sich der Verdacht, daß § 315 III S. 2 BGB nur der prozessuale Aufhänger für richterliches Tätigwerden nach § 242 BGB sein soll.

Schon aus einem anderen Grunde ergibt sich jedoch, daß § 315 III BGB für die hier vorliegende Problemstellung bei Wettbewerbsabreden keine Lösungsmöglichkeit bieten kann.

Söllner geht von der einseitigen Leistungsbestimmung aus; auf echte vertragliche Bindungen will er dagegen § 315 BGB nicht anwenden, diese Bestimmung sei hierfür ausgeschlossen[14]. Da aber ein Wettbewerbsverbot rechtlich gesehen ein Vertrag ist[15], scheidet § 315 BGB vom Ausgangspunkt Söllners ohnehin aus[16].

Zu fragen bleibt allerdings noch, ob § 315 BGB nicht für Verträge gelten kann, bei denen ein Teil des Inhalts, also ein Gegenstand der Vertragspflicht einer Partei, nicht vorhanden ist, sei es, daß dies nicht ausdrücklich geregelt ist, sei es, daß dieser Teil aus irgendeinem Grund weggefallen ist (z. B. durch Unwirksamkeit).

Dies wäre der typische Fall fehlerhafter Wettbewerbsverbote. Hier bestätigt sich die Lösung des BAG: Ergibt eine Erforschung des Parteiwillens eine „Vermutung" für eine rechtlich haltbare Gestaltung der Vereinbarung, so bleibt keine Lücke übrig und § 315 III BGB ist nicht nötig.

Läßt sich aber keine „Vermutung" für rechtstreues Handeln der in Frage stehenden Partei finden, so ist § 315 III S. 2 BGB schon deshalb nicht anwendbar, da eine erforderliche Ermessensermächtigung fehlt, die sich für diesen Fall aus dem Vertrag ergeben müßte[17].

---

[11] a.a.O., S. 123.
[12] Vgl. S. 45.
[13] Auf S. 46 dargelegt.
[14] a.a.O., S. 59.
[15] Oben S. 1, 2.
[16] Für Rückzahlungsvorbehalte bei Gratifikationen nimmt *Söllner* eine einseitige Rechtsgestaltung des Arbeitgebers an, der sich der Arbeitnehmer unterwirft (a.a.O., S. 57). Mit der herrschenden Meinung ist dies jedoch abzulehnen; wohl steht es dem Arbeitgeber frei, Gratifikationen zu gewähren, dagegen stellt die Rückzahlungsvereinbarung einen Vertrag dar, zu dem ihn der Grundsatz der Vertragsfreiheit (Art. 2 I GG) ermächtigt. Der Arbeitnehmer kann diesen Vertrag auch durch konkludente Handlung schließen, also z. B. durch Annahme der Gratifikation, wenn er die Rückzahlungsbedingungen kennt. Im ganzen: BAG AP Nr. 15[4] zu § 611 BGB Gratifikation und AP Nr. 22[2] zu § 611 BGB Gratifikation.
[17] So im Ergebnis auch *Neumann-Duesberg*, JZ 1952/705 ff., *709*, der die Möglichkeiten einer „ergänzenden Vertragsauslegung" über § 315 III S. 2 BGB mit Recht verneint.

Die hier dargelegte Lösung[18], ausgehend von der „Vermutung" rechts- bzw. verfassungstreuen Verhaltens einer Partei, wie sie das BAG aufgezeigt hat, gewährt dagegen, was einer Lösung aus § 315 III S. 2 BGB versagt sein muß, nämlich dem wahren und redlichen Parteiwillen zur Herrschaft zu verhelfen.

Bei Vereinbarung zweier Parteien kommt es allein darauf an, was sie regeln wollen. Die Beachtung und Erforschung des Willens redlicher Parteien ist oberste Aufgabe des Richters bei der Beurteilung von Verträgen. Haben die Parteien nicht gewollt, daß im Zweifel der Richter ein Ermessen nach § 315 III S. 2 BGB ausüben soll, so geht es nicht an, den Parteiwillen zu mißachten und die Vertragspartner auf diese Weise durch den Richter zu bevormunden[19], denn den „Parteien darf nichts Vertragsfremdes aufoktroyiert" werden[20]. Wenn eine Ermessensermächtigung für den Richter nicht gegeben ist und sich auch eine „Vermutung" für rechtstreues Verhalten nicht ergibt, dann ist der Vertrag allerdings nichtig[21].

II. Bestätigung durch Lösungsvorschläge, die sich unmittelbar oder mittelbar mit Wettbewerbsverboten befassen

1. Im Schrifttum

Die im frühen Schrifttum auffindbaren Ausführungen über die Behandlung unzulässiger Wettbewerbsverbote waren alle von der grundlegenden Entscheidung des RG aus dem Jahre 1893 (!) beeinflußt[22]. Dort heißt es:

„Es würde deshalb nicht zulässig sein, den ohne zeitliche und örtliche Grenze gewollten Vertrag durch Anwendung des richterlichen Ermessens so zu beschränken, wie er gültig hätte geschlossen werden dürfen; denn dem Gericht steht nur die Auslegung und rechtliche Beurteilung des Vertrages zu und nicht dessen Abänderung in einen zulässigen Vertrag."

V. Tuhr[23] spricht von einem „Bann", der von dieser Ansicht ausgehe, so daß übermäßige Konkurrenzklauseln nur für ungültig erklärt aber nicht eingeschränkt werden dürfen.

---

[18] Oben S. 55, 56.
[19] Darauf läuft die Ansicht *Söllners* (a.a.O., S. 124) letztlich hinaus, wenn er die Pflichten des Richters derart erweitert.
[20] *Neumann-Duesberg*, JZ 1952/705 ff., 709.
[21] Wie oben S. 81 f. dargelegt, ebenso *Neumann-Duesberg*, JZ 1952/705 ff., 709.
[21] Wie oben S. 58 f. dargelegt, ebenso *Neumann-Duesberg*, JZ 1952/705 ff.,
[23] Jherings Jahrbücher Bd. 46, S. 39 ff., 43.

Marcus[24] stellt sich gegen diese RG-Entscheidung und will unzulässige Wettbewerbsabreden durch entsprechende Anwendung der §§ 74 ff. HGB, 343 BGB abändern.

Weil sich aber gerade die analoge Anwendung der §§ 74 ff. HGB auf andere Arbeitnehmer verbietet, sieht Ritter[25] darin mit Recht keine Möglichkeit, Konkurrenzklauseln in den Grenzen des sittlich Zulässigen aufrechtzuerhalten.

Gegen die Anwendung des § 343 BGB im Sinne von Marcus geht Staub vor[26]. Der Richter könne nicht „an Stelle getroffener Vereinbarungen andere Verhältnisse setzen", allerdings könne im „Wege der Auslegung das Verbot auf billige Grenzen zurückgeführt werden"[27].

Diese Möglichkeit, über eine Auslegung vom blanken Wortlaut zum wahren Willen der Parteien zu kommen, hebt auch Ritter hervor, und welche Bedeutung er diesem Weg beimißt, geht auch aus weiteren Ausführungen hervor, in denen er die neue Regelung des § 133 f GewO als „vortrefflich" bezeichnet, da sie doch eine Abkehr von der „rücksichtslosen Nichtigkeit" bedeutet[28].

Die genannte RG-Entscheidung erinnert an die Grenzen richterlicher Tätigkeit, wenn es dem Richter die Befugnis abspricht, anstelle der Parteien objektiv andere Vereinbarungen festzulegen. Ritter und Staub gehen bereits daran, die Möglichkeiten auszuschöpfen, die sich aus der Pflicht und Aufgabe des Richters ergeben, den Parteiwillen zu achten und ihm zur Geltung zu verhelfen. Die Weiterentwicklung dieser Gedankengänge führt dann aber zur „Vermutung" im Sinne des 1. und 5. Senates **BAG**.

2. In der Rechtsprechung

Während das RG sich bei teilwirksamen Wettbewerbsverboten streng an den Wortlaut von § 139 BGB hält[29] und lieber § 139 BGB überhaupt nicht anwendet, wenn es bei nichtiger Konkurrenzklausel den Arbeitsvertrag aus Schutzgründen für den Arbeitnehmer aufrechterhalten will[30], hat das OLG Köln, das in beiden soeben genannten Entscheidungen zuvor als Berufungsinstanz zu befinden hatte, bereits ganz im Sinne der späteren Rechtsprechung des BAG entschieden.

---

[24] DJZ 1907/952/*953*.
[25] DJZ 1902/349 ff., *352*.
[26] *Staub* I, § 22 Anm. 36.
[27] So auch *Baum*, Wettbewerbsverbot, Anm. S. 192.
[28] *Ritter*, a.a.O., S. 252, 253.
[29] RG 74/332, *334*.
[30] RG 146/116, *119*.

II. Bestätigung durch andere Lösungsvorschläge

Ohne sich zu bemühen, die in § 139 BGB aufgestellte Nichtigkeitsvermutung zu widerlegen, sagt das OLG Köln bei Teilnichtigkeit eines Wettbewerbsverbotes, daß nicht anzunehmen sei, daß die Parteien den übrigen Teil der Abrede nicht abgeschlossen haben würden und folglich der gültige Rest der Konkurrenzklausel rechtlich wirksam bleibe[31]. Damit spricht das OLG nichts anderes aus, als die Umkehrung der Vermutung in § 139 BGB. Zur Ergänzung der nichtigen Teile ist es jetzt nur noch ein kleiner Schritt. Das OLG Köln brauchte sich in dem ihm vorliegenden Fall nicht mit einer Ergänzung zu befassen, da die Wettbewerbsabrede auch ohne den nichtigen Teil sinnvoll bestehen konnte (es handelte sich um ein ehrenwörtliches Versprechen, die Abrede einzuhalten, das aber nichtig war). In der Regel müssen jedoch bei dieser Anwendung von § 139 BGB die nichtigen Teile ausgefüllt werden, da sonst die ganze Abrede wegen der gegenseitigen Beziehung der Wettbewerbsbeschränkungen (in zeitlicher, örtlicher und sachlicher Hinsicht) an Sinn verlieren würde. Dabei hat der Richter davon auszugehen, was die Parteien vereinbart haben würden, hätten sie um die Nichtigkeit des Vereinbarten gewußt.

So stellt denn auch das OLG Köln in einer späteren Entscheidung den Parteiwillen deutlich heraus, wenn es den Arbeitsvertrag trotz nichtiger Wettbewerbsabrede bestehen läßt, da doch auch „die Parteien bei Kenntnis der Nichtigkeit der Wettbewerbsverbote den Vertrag in seinem Bestand gelassen und dazu auch ein anderes, gültiges Wettbewerbsverbot vereinbart haben würden"[32]. Das OLG versucht auch hier nicht die Nichtigkeitsvermutung des § 139 BGB zu widerlegen, sondern kehrt die Vermutung in § 139 BGB um und geht von der Gültigkeitsannahme aus.

Es mutet erstaunlich modern an, mit welch klarem Blick das OLG § 139 BGB seine Aufgabe im Arbeitsrecht zugewiesen hat.

3. Auf legislatorischem Gebiet

Die Erkenntnis in Schrifttum und Rechtsprechung, daß Nichtigkeit von Verträgen im Arbeitsrecht die Ausnahme aber jedenfalls nicht stets über § 139 BGB vermutet werden soll, fand in § 8 des Entwurfs eines Allgemeinen Arbeitsvertragsgesetzes von 1923 ihren Niederschlag. Um einer weiteren Auseinandersetzung mit § 139 BGB im Arbeitsrecht zu entgehen, hatte man dort folgende Regelung vorgeschlagen:

„Ist ein Teil des Arbeitsvertrages nichtig, so bleibt im Zweifel der übrige Vertrag gültig. Er ist so zu ergänzen, wie ihn die Beteiligten bei

---
[31] So vom RG dargestellt in RG 74/332, *334, 335*.
[32] So vom RG wiedergegeben, RG 164/116, *118*.

Beachtung der zur Nichtigkeit führenden Rechtsvorschriften mutmaßlich abgeschlossen hätten."

Über den Schluß a majore ad minus wird man sagen können, wenn dies schon für den Arbeitsvertrag gelten soll, so muß dies auch für Vereinbarungen gelten, die im Rahmen oder auf Grund eines Arbeitsvertrages abgeschlossen werden.

Vergleicht man die vom BAG 1. und 5. Senat aufgestellten Grundsätze mit dieser vorgeschlagenen Gesetzesbestimmung, so muß man feststellen, daß die Rechtsprechung des BAG genau der beabsichtigten gesetzlichen Regelung entspricht. Das BAG ist trotz des Fehlens von gesetzlichen Vorschriften nicht an die Stelle des Gesetzgebers getreten und hat somit auch nicht den Grundsatz der Gewaltenteilung (Art. 20 II GG) verletzt. Die in dieser Hinsicht gegen die Rechtsprechung des BAG erhobenen Vorwürfe[33] sind unbegründet. Gerade wegen der im Arbeitsrecht zu fordernden Rechtsklarheit dürfen die Gerichte im Rahmen ihrer Aufgabe Lücken nicht nur von Fall zu Fall ausfüllen, sondern sollen einen Problemkomplex gleich grundlegend durchdenken[34]. Wie sehr sich das BAG bemüht, seine Kompetenzen nicht zu überschreiten, geht aus den Ausführungen des 5. Senates in AP Nr. 20[2] zu Art. 12 GG hervor, wo ausdrücklich zwischen Rechtsfortbildung und Neuregelung des Rechtes unterschieden und darauf hingewiesen wird, daß es allein dem Gesetzgeber zukomme, das Recht der Wettbewerbsverbote neu zu regeln. Das BAG hat also nicht Richterrecht geschaffen, sondern Recht gefunden[35], wenn es aus dem vom Gesetzgeber in den §§ 74 ff., 133 f GewO aufgestellten allgemeinen rechtlichen Prinzip in Form einer juristisch konstruktiv vertretbaren Weise seine Lösung sucht[36].

---

[33] z. B. von *Wolf*, Anm. zu AP Nr. 1 zu § 611 BGB Urlaub und Gratifikation.
[34] *Mayer-Maly*, Anm. AP Nr. 28[5] zu § 611 BGB Gratifikation.
[35] BGH 11 Anhang S. 51.
[36] Gemeint ist die Ersetzung der Nichtigkeit durch Unverbindlichkeit. Zwar stellen die §§ 74 II, 74 a I Satz 2 und § 133 f GewO (Punkt 1 und 2, S. 48 und 50) keine richtungsweisende Klausel im engeren Sinne auf, wie sie das BuverwGer in BuverwGE 3, 225; *243* und der BGH in BGH 11 Anhang S. 51 als Grundlage für die Lückenausfüllung durch den Richter fordern, doch kann aus den angeführten Bestimmungen der einer Generalklausel immanente richtungsweisende Bestandteil entnommen werden, denn beiden Gesetzesstellen ist gemeinsam, daß der Gesetzgeber, wenn er Regelungen über Wettbewerbsverbote getroffen hat, sich beide Male bezüglich der in Frage stehenden Probleme im Prinzip gleich geäußert hat.

D. Schlußgedanke

Es muß zugegeben werden, daß es für die Rechtsprechung der Obergerichte der Arbeitsgerichtsbarkeit nicht immer leicht ist, ihre Grenzen nicht zu überschreiten. Einerseits gilt es, sich auf obiter dicta als Ergebnis der Rechtsfindung zu beschränken und nicht selbst sogenanntes Richterrecht zu schaffen, andererseits müssen die Gerichte mit der Aufgabe fertig werden, im schnellebigen Arbeitsrecht rasch und doch verbindlich für die Untergerichte zu sprechen. Sie müssen entscheiden in einem Gebiet, für das gesetzliche Regeln entweder veraltet sind oder ganz fehlen und deshalb Bestimmungen aus anderen Rechtsgebieten entsprechend oder mittels des zugrundeliegenden Rechtsgedankens herangezogen werden müssen. Der Ruf nach einer umfassenden gesetzlichen Regelung des Arbeitsrechts darf deshalb nicht länger ungehört bleiben. Auch Tarifverträge können die Rolle des Gesetzgebers nicht übernehmen. Dies zeigt sich deutlich bei Wettbewerbsverboten; obwohl Tarifverträge in ihrem normativen Teil Wettbewerbsabreden regeln können, ist dies in der Praxis jedoch nur selten der Fall[1].

Bereits 1923 ist es zu einem Entwurf eines Allgemeinen Arbeitsvertragsgesetzes gekommen[2]. § 2 des Entwurfs läßt den Wunsch nach baldiger einheitlicher Regelung noch stärker werden, wenn es dort heißt: „Arbeitnehmer sind Arbeiter, Angestellte und Lehrlinge." Alle weiteren Vorschriften verwenden nur noch diesen einheitlichen Begriff des Arbeitnehmers, also auch die §§ 36 bis 45, in denen das Wettbewerbsverbot geregelt werden sollte. § 8 dieses Entwurfs[3] zeigt, wie eine starre Regelung vermieden werden kann, ohne jedoch eine verbindliche Kodifikation unmöglich zu machen, da doch das Arbeitsrecht auf Grund seiner besonderen Lebensnähe mehr als andere Rechtsgebiete im Fluß ist[4].

Nicht zuletzt böte sich gerade jetzt die große Gelegenheit, ein modernes Arbeitsrecht zu kodifizieren, das sich später in einem noch zu schaffenden europäischen Arbeitsrecht leicht eingliedern lassen würde.

---

[1] *Fuhr-Stahlhacke* III, § 133 f GewO Anm. 1 am Ende.
[2] RArbBl 1923/498 ff. oder 28. Sonderheft zu RArbBl 1923.
[3] Auf § 8 ist bereits S. 67 hingewiesen worden.
[4] *Herschel*, Grundrechte III 1, S. 325 ff., 369; *Hunn*, ArbuR 1953/260, 263.

Literaturverzeichnis

Baum, Georg: Das vertragliche Wettbewerbsverbot, Berlin 1914
(zit.: Wettbewerbsverbot)

Baumbach, Adolf und Konrad *Duden:* Handelsgesetzbuch, Kommentar, 16. Aufl., München, Berlin 1964

Baur, Fritz: Sozialer Ausgleich durch Richterspruch, JZ 1967/193 ff.

Beyer, Hans: Die Konkurrenzklausel der Gewerbeordnung, Bremen 1914
(zit.: Konkurrenzklausel)

Bötticher, Eduard: Richterliche Vertragsgestaltung, DRWiss 1942/125 ff.

Brecher, Fritz: Grundrechte im Betrieb, Festschrift für Nipperdey zum 70. Geburtstag, Bd. II, München, Berlin 1965, S. 29 ff.

Dersch, Hermann: Entwicklungslinien der Fürsorgepflicht des Arbeitgebers im Arbeitsverhältnis, RdA 1949/325 ff.

— Die neuere Entwicklung der Fürsorgepflicht im Arbeitsverhältnis, Festschrift für Herschel, Stuttgart 1955, S. 71 ff.

Dürig, Günter: Freizügigkeit. Neumann-Nipperdey-Scheuner, Die Grundrechte, 2. Bd., Berlin 1954, S. 507 ff.
(zit.: Grundrechte II)

— Grundrechte und Zivilrechtsprechung, Festschrift für Nawiasky zum 75. Geburtstag, S. 157 ff.

— Zum „Lüth-Urteil" des Bundesverfassungsgerichts vom 15. 1. 1958, DÖV 1958/194 ff.

Düringer, Adelbert und Max *Hachenburg:* Das Handelsgesetz, Kommentar, I. Bd., 3. Aufl., Mannheim, Berlin, Leipzig 1930
(zit.: Düringer-Hachenburg I)

Eckstein, Ernst: Zur Lehre von der Nichtigkeit des Vertrages wegen Unsittlichkeit, ArchBürgR Bd. 38/195 ff.

— Studien zur Lehre von den unsittlichen Handlungen, Rechtshandlungen und Rechtsgeschäften, insbesondere Verträgen, Arch BürgR Bd. 41/178 ff.

Enneccerus, Ludwig und Hans Carl *Nipperdey:* Allgemeiner Teil des Bürgerlichen Rechts, Lehrbuch, Erster Halbband, 15. Aufl., Tübingen 1959
(zit.: Enneccerus-Nipperdey I)

Zweiter Halbband, 15. Aufl., Tübingen 1960
(zit. Enneccerus-Nipperdey II)

Erman, Walter: Handkommentar zum Bürgerlichen Gesetzbuch, 1. Bd., 3. Aufl., Münster 1962
(zit.: Erman I)

Esser, Josef: § 242 BGB und die Privatautonomie, JZ 1956/555 ff.

Frey, Erich: Können Arbeitsverträge angefochten werden? ArbuR 1953/167 ff.

Fuhr, Eberhard und Eugen *Stahlhacke:* Kommentar zur Gewerbeordnung, Bd. III, Neuwied 1966
(zit.: Fuhr-Stahlhacke III)

Grüll, Ferdinand: Die Konkurrenzklausel, Schriftenreihe des Betriebsberaters, 2. Aufl., Heidelberg 1960
(zit.: Konkurrenzklausel)

Günther, Volkmar: Wettbewerbsverbote ohne Karenzentschädigung in Verträgen mit technischen Angestellten, NJW 1960/946 ff.

Herschel, Wilhelm: Das Arbeitsrecht. Bettermann-Nipperdey-Scheuner, Die Grundrechte, Dritter Band, 1. Halbband, Berlin 1958, S. 325 ff.
(zit.: Grundrechte III 1.)

— Arbeitsrecht. Schaeffers Grundriß des Rechts und der Wirtschaft, Bd. 14, 35.—39. Aufl., Düsseldorf, Stuttgart 1963
(zit.: Arbeitsrecht)

Hueck, Alfred und Hans Carl *Nipperdey:* Lehrbuch des Arbeitsrechts, Bd. I, 7. Aufl., Berlin, Frankfurt a. M. 1963
(zit.: Hueck-Nipperdey I)

Hunn, Felix: Die „Zölibatsklausel" im Einzelarbeitsvertrag, ArbuR 1953/260 ff.

Kirchner, Hildebert: Abkürzungsverzeichnis der Rechtssprache, Berlin 1957

Koll, Mathias: Die Grundlagen der Wandlung des materiellen Verfassungsbegriffs als Vorstudie zur Problematik der Drittwirkung der Grundrechte, Dissertation, Köln 1961

Krüger, Herbert: Die Verfassungen in der Zivilrechtsprechung, NJW 1949/163 ff.

Küchenhoff, Günther: Einwirkungen des Verfassungsrechts auf das Arbeitsrecht. Festschrift für Nipperdey zum 70. Geburtstag, Bd. II, München, Berlin 1965, S. 317 ff.

Landmann, Robert v. und Gustav *Rohmer:* Kommentar zur Gewerbeordnung, Zweiter Band, 11. Aufl., München, Berlin 1956
(zit.: Landmann-Rohmer II)

Lange, Heinrich: Lage und Zukunft der Sicherungsübereignung, NJW 1950/565 ff.

Larenz, Karl: Lehrbuch des Schuldrechts, Erster Band: Allgemeiner Teil, Zweiter Band: Besonderer Teil, beide 7. Aufl., München, Berlin 1964
(zit.: Larenz I und II)

Laufke, Franz: Vertragsfreiheit und Grundgesetz. Festschrift für Lehmann zum 80. Geburtstag, I. Bd., Berlin 1956, S. 145 ff.

Lehmann, Heinrich: Wucher und Wucherbekämpfung in Krieg und Frieden, Leipzig 1917
(zit.: Wucher)

— Allgemeiner Teil des Bürgerlichen Gesetzbuches, 12. Aufl., Berlin 1960
(zit.: Allg. Teil des BGB)

Leisner, Walter: Grundrechte und Privatrecht. Münchner Öffentlich-Rechtliche Abhandlungen, München, Berlin 1960

Maunz, Theodor und Günter *Dürig:* Grundgesetz, Kommentar Stand 1964, München, Berlin

Meier-Scherling, Anne-Gudrun: Die Benachteiligung des kündigenden Arbeitnehmers und Art. 12 GG, RdA 1959/85 ff.

Neumann-Duesberg, Horst: Gerichtliche Ermessensentscheidungen nach §§ 315 ff. BGB, JZ 1952/705 ff.

Nikisch, Arthur: Arbeitsrecht, Lehrbuch, Bd. I, 3. Aufl., Tübingen 1961
(zit.: Nikisch I)
— Weihnachtsgratifikationen mit Rückzahlungsvorbehalt, BB 1962/1332 ff.

Nipperdey, Hans Carl: Vertragstreue und Nichtzumutbarkeit der Leistung, Mannheim, Berlin, Leipzig 1921
(zit.: Vertragstreue)
— Die privatrechtliche Bedeutung des Arbeiterschutzrechts. Festgabe der juristischen Fakultäten zum 50jährigen Bestehen des Reichsgerichts, Bd. IV, Berlin, Leipzig 1929, S. 203 ff.
(zit.: Festgabe für Reichsgericht)
— Gleicher Lohn der Frau bei gleicher Leistung, RdA 1050/121 ff.
— Die Würde des Menschen. Neumann-Nipperdey-Scheuner, Die Grundrechte, Zweiter Band, Berlin 1954, S. 1 ff.
(zit.: Grundrechte II)
— Freie Entfaltung der Persönlichkeit. Bettermann-Nipperdey, Die Grundrechte, Vierter Band, 2. Halbband, Berlin 1962, S. 741 ff.
(zit.: Grundrechte IV 2.)
— Grundrechte und Privatrecht, Kölner Universitätsreden, Krefeld 1961
— Boykott und freie Meinungsäußerung, DVBl 1958/445 ff.

Palandt, Otto: Bürgerliches Gesetzbuch, Kurzkommentar, 24. Aufl., München, Berlin 1965

Raiser, Ludwig: Das Recht der allgemeinen Geschäftsbedingungen, Bad Homburg von der Höhe 1935
(zit.: Geschäftsbedingungen)

Reichsgerichtsrätekommentar: Das Bürgerliche Gesetzbuch. Kommentar, herausgegeben von Reichsgerichtsräten und Bundesrichtern, I. Bd., 1. und 2. Teil, jeweils 11. Aufl., Berlin 1960
(zit.: BGB-RGRK I 1. und 2.)

Ritter, C.: Die Konkurrenzklausel im neuen Recht, DJZ 1902/349 ff.

Rohlfing, Theodor, Hans *Kiskalt* und Karl *Wolff*: Handkommentar zur Gewerbeordnung, 3. Aufl., Berlin, Frankfurt a. M. 1961

Sandrock, Otto: Subjektive und objektive Gestaltungskräfte bei der Teilnichtigkeit von Rechtsgeschäften, AcP Bd. 159/481 ff.

Schlegelberger, Franz: Handelsgesetzbuch, Kommentar, 1. Bd., 4. Aufl., Berlin, Frankfurt a. M. 1960
(zit.: Schlegelberger I)

Schmidt, K. H.: Rückgewähr gezahlter Gratifikationen bei Aufkündigung des Arbeitsverhältnisses, Betrieb 1961/1355 ff.

Schmidt-Rimpler, Walter, Paul *Gieseke*, Ernst *Friesenhahn* und Alexander *Knur*: Die Lohngleichheit von Männern und Frauen. Bonner Universitätsgutachten vom 23. 5. 1950, AöR Bd. 76/165 ff.

Sebba, Julius: Bedeutung und Wirksamkeit autonomer Vertragsbedingungen. Denkschrift, Deutscher Anwaltsverein Nr. 33, Leipzig 1931

Sieg, Karl: Korrektur von Rechtsgeschäften durch den Prozeßrichter, NJW 1951/506 ff.

Söllner, Alfred: Einseitige Leistungsbestimmung im Arbeitsverhältnis. In der Reihe: Akademie der Wissenschaften und Literatur, Wiesbaden 1966

Soergel, Hans-Theodor und Wolfgang *Siebert:* Bürgerliches Gesetzbuch, I. Bd., 9. Aufl., Stuttgart 1959
(zit.: Soergel-Siebert I)

Spitzbarth, Reimar: Wettbewerbsverbote bei freien Berufen, NJW 1954/453 ff.

Staub, Hermann: Kommentar zum HGB, Erster Band, 14. Aufl., Berlin, Leipzig 1932
(zit.: Staub I)

Staudinger, Julius v.: Kommentar zum Bürgerlichen Gesetzbuch, I. Bd., Allg. Teil, 11. Aufl., Berlin 1957
(zit.: Staudinger I)
II. Bd., Teil 1 b, § 242, 11. Aufl., Berlin 1961
(zit.: Staudinger II 1 b)
II. Bd., Recht der Schuldverhältnisse, 3. Teil, 11. Aufl., Berlin 1958
(zit.: Staudinger II 3)

Trieschmann, Günther: Verpflichtung zur Rückgewähr von Urlaubsentgelt und Weihnachtsgratifikationen bei vorzeitiger Beendigung des Arbeitsverhältnisses, ArbuR 1962/137 ff.

v. Tuhr, Andreas: Der Allgemeine Teil des Deutschen Bürgerlichen Rechts, Zweiter Band, zweite Hälfte, München, Leipzig 1918
(zit.: v. Tuhr II 2)

— Naturalherstellung und Geldersatz, Iherings Jahrbücher, 46. Bd., S. 39 ff.

Volkmar, Erich: Wandlung der Aufgabe des Richters und Erweiterung des Gebietes der freiwilligen Gerichtsbarkeit, ZAKDR 1937/634 ff.

Wieacker, Franz: Richtermacht und privates Rechtsverhältnis, AöR Bd. 29/30, S. 1 ff.

Würdinger, Hans: Kommentar zum Handelsgesetzbuch. Früher herausgegeben von Mitgliedern des Reichsgerichts, Erster Band, 2. Aufl., Berlin 1953
(zit.: Würdinger in RGRK I)

Printed by Libri Plureos GmbH
in Hamburg, Germany